Gert Haucke

Hund aufs Herz

Wunderlich

1. Auflage März 1996
Copyright © 1996 by Rowohlt Verlag GmbH,
Reinbek bei Hamburg
Alle Rechte vorbehalten
Umschlaggestaltung Susanne Müller
(Foto: Lothar Winkler)
Gesetzt aus der Bembo (Linotronic 500)
Gesamtherstellung Clausen & Bosse, Leck
Printed in Germany
ISBN 3 8052 0577 5

Für Kurt
alias
Dr. med. vet. Kurt Witteborg,
Freund, Tierarzt und Ziehvater
von Bulldog Otto

Inhalt

- 11 Zuvor
- 13 Ich bin so frei
- 35 Die falsche Idylle
- 43 Trau, schau, wem!
- 53 Die Kampfhundlüge
- 63 Wer vieles bringt, wird manchem etwas bringen
- 75 «Setz dir Perücken auf von Millionen Locken ... du bleibst doch immer, was du bist»
- 87 Haufenweise Konflikte
- 93 Nachrichten aus dem Neandertal
- 97 Zuneigung unerwünscht
- 103 Trittbrettfahrer
- 113 Zu groß, zu klein
- 123 «Crufts»: größer geht's nicht
- 129 Hunde im Knast
- 135 Kupieren – was heißt das?
- 141 Marginalien zur Fernsehserie «Hundegeschichten»
- 147 Wir brauchen unsere Hunde
- 171 Bildquellen
- 173 Zuletzt

Zuvor

Dieses Buch wird von zwei Vorträgen gewissermaßen umklammert.

Der Allgemeine Kynologische Verein Groß-Dortmund, gegründet 1919, also schon recht ehrwürdig allein seines Alters wegen, lud mich ein, etwa ein Stündchen zum Thema Hund zu sprechen. Ich wußte, daß sich in diesem «Verein für Hundefreunde» – so erklärt er sich unterhalb des bedeutenden Titels und in Klammern –, daß sich dort zahlreiche Mitglieder im Auditorium finden würden, die sich hauptberuflich mit Hunden befassen: Tierärzte, Vereinsvorstände, Zuchtwarte, Ausstellungsrichter und natürlich auch Züchter.

Also nahm ich kein Blatt vor den Mund und war gespannt, was passieren würde. Es passierte, was im Politkabarett die Regel ist: Derjenige oder diejenigen, die eben von der Bühne herunter mit den schärfsten Pfeilen der Satire beschossen wurden, sitzen im Parkett und kreischen vor Vergnügen. Standing ovations. Es ging mir also sehr ähnlich, und ich wurde trotz nachfolgender Komplimente den Verdacht nicht los, dem Amüsement meines Auditoriums gedient zu haben, nicht seiner Aufklärung. Verstohlen faßte ich mich an den Kopf, ob da nicht schon die bekannte Zipfelkappe mit den Glöckchen saß.

Zuvor

Sechs Jahre später – in Sachen Hund hatte sich nichts gebessert, ganz im Gegenteil – wurde ich dann noch einmal gebeten. Ich überlegte, und folgerichtig kam mir dabei «Dinner for One» in den Sinn («Same procedure as every year?»). Wollte ich wirklich zum allgemeinen Vergnügen erneut über den ausgestopften Tiger stolpern? Andrerseits: Wer bekommt schon vor einem Auditorium wie diesem Gelegenheit, überdeutlich zu werden?

Also sprach ich noch einmal vor den ausgestopften Tigern im Zuschauerraum und stolperte ein zweites Mal über ihre unbeirrbaren Betonköpfe.

Natürlich habe ich seitdem immer wieder versucht, Menschen von meinen Ansichten, die ich für Einsichten halte, zu überzeugen. Mit diesem Buch versuche ich es erneut – aber seitdem eher im kleinen Kreis; nicht größer, als daß ich jedem Gesprächsteilnehmer ins Auge blicken kann. Manchmal guckt dann einer weg. Na, das ist doch schon ein Anfang. Mehr kann man wohl nicht verlangen. Es würde auch nichts nützen.

*Ich bin so frei**

> «*Kaum habe ich mich fünfzig Jahre
> mit dem Phänomen Hund beschäftigt,
> schon glaube ich,
> etwas davon zu verstehen.*»

Meine sehr verehrten Damen und Herren,

ich begrüße Sie sehr herzlich und bedanke mich bei Ihnen.

Der Veranstalter hat mir eine Liste derjenigen geschickt, die seit 1959 die Ehre hatten, hier zu referieren. Promoviert hatte da annähernd jeder. Auch an Professoren mangelte es nicht.

Heute stehe *ich* nun hier; gänzlich unbedeckt in fast jeder Hinsicht: Ich trage keinen Titel. Kein Dachverband verteidigt mich, falls ich unliebsam auffalle – und das werde ich wohl. Kein Institut steht ehrwürdig und ehrfurchtgebietend hinter mir. Keine Lobby wird meinetwegen erpresserisch tätig. Kein Zuchtverband verteidigt seine Interessen, indem er meine verteidigt. Und auch mein Gastgeber wird nicht begeistert davon

---

* Vortrag vor dem Allgemeinen Kynologischen Verein Groß-Dortmund e. V., gegründet 1919 (Verein der Hundefreunde), 1986, leicht überarbeitet.

sein, sollte ich Forderungen an ihn stellen, die er nicht erfüllen will oder von denen er glaubt, sie nicht erfüllen zu können.

Das Wort «vogelfrei» besteht aber aus zwei Teilen, und so bin ich eben in dem Maße, wie ich angreifbar und ungeschützt bin, auch frei.

Ich bin so frei, zu sagen, was ich als richtig erkannt habe und was ich für falsch, bedenklich oder strafwürdig halte.

Niemand wird mich dafür zur Rechenschaft ziehen, ausgenommen die Betroffenen, und denen mach ich es leicht, durch meine Person: «Wer ist das schon», können sie sagen, «dieser Haucke? Ein Schauspieler, der sich einbildet, etwas von Hunden zu verstehen.»

Das ist wahr, da haben meine Kritiker völlig recht: Kaum habe ich mich fünfzig Jahre mit dem Phänomen Hund beschäftigt, schon glaube ich, etwas davon zu verstehen.

Ich habe mich bemüht, zu lernen, mich zu informieren, Vorhandenes zu sichten, über Vorgefundenes nachzudenken, Gelesenes zu reflektieren.

Dabei ist kein Veterinär aus mir geworden und kein Verhaltensforscher.

Aber etwas sehr einfach Erscheinendes glaube ich gelernt zu haben: Was nämlich ein Hund braucht, um sich in bester Kondition wohl zu fühlen, und was sein Mensch tun muß, um ihm dieses Grundgefühl zu verschaffen, das heißt, um ihn artgerecht leben zu lassen.

An dieser Grundforderung hängt viel, aber nichts Unerreichbares.

Doch um dieser einfachen, existentiellen Forderung

nachzukommen, müßte sich eine Menge ändern: beim Gesetzgeber, in der Hundezucht, bei den Verbänden und, last but not least, bei den Hundekäufern und -haltern.

Jeder wirkliche Hundefreund muß sich aufgerufen fühlen, an diesen notwendigen Veränderungen mitzuarbeiten und seine eigenen, oft querlaufenden Interessen hintanzustellen.

In einem Punkt sollte es doch allen, die mit dem Hund leben, ohne auf ihn gekommen zu sein, möglich sein, sich zu solidarisieren: in dem Wunsch, sich bei unseren heutigen Hunden für alles zu bedanken, was deren Vorfahren in vielen Jahrtausenden für den Menschen getan und bewirkt haben, ohne das eigene Leben zu schonen.

Um zu begreifen, was da vor sich ging, was der Mensch mit dem Hund und aus dem Hund gemacht hat, muß man rekapitulieren, einen weiten Weg zurückgehen in die Anfänge der Menschheit, als wir uns von den Primaten trennten, um das, was uns mit den großen Menschenaffen verband, das Großhirn, in den unaufhaltsam «menschelnden» Schädeln hypertrophieren zu lassen.

Das Ergebnis liegt vor: Unser geschundener Planet am Ende des zweiten Jahrtausends christlicher Zeitrechnung ist die Folge dieser Großhirnelefantiasis.

Dieser wuchernden grauen Masse verdanken wir die Möglichkeiten moderner Technik und die Folter, moderne Heilmethoden und die bewußte Zerstörung unserer lebensnotwendigen Ressourcen. Ihr verdanken wir Forschung und «Leere», die Möglichkeiten zu

Ich bin so frei

einem Leben im Überfluß und die Fähigkeit, alles Leben auf der Erde mit einem Schlag zu vernichten. Ihr verdanken wir Einsicht in das Notwendige und die Unfähigkeit zum Überleben der eigenen Art. Alles zusammen, diese ganze ungeheuerliche, mit nichts vergleichbare Schizophrenie hat uns dieses Wachstum eines Teils unserer Gehirnmasse beschert.

Keine schöne Bescherung, wenn man bedenkt, daß wir genetisch zu 98,8 Prozent – oder waren es Komma neun – mit den Schimpansen identisch sind.

Gott und den Teufel konnten die Menschen mit Hilfe dieser 1,2 Prozent Entwicklungshilfe ersinnen.

Und den Hund.

Verhaltensforscher, Kynologen und Historiker haben sich die Anfänge etwa so vorgestellt:

Fünfzehn- bis zwanzigtausend Jahre zurück. Ein Wimpernschlag in der Weltgeschichte, aber immerhin der zirka hundertste Teil der Geschichte des *Homo sapiens*.

Noch sind Menschen Beutejäger und für den Kampf ums Überleben mager ausgerüstet: schwächliches Gebiß, mäßig schnell, für ihre Größe zu schwach.

Aber das Großhirn wuchert. Es befähigt sie zum Umgang mit Werkzeugen, mit dem Feuer, zur Herstellung von Gegenständen, die ihnen Zähne und Krallen ersetzen und ihre Chancen im Kampf mit anderen Beutejägern verbessern.

Einer der Konkurrenten bei dem immer kopflastigeren Kampf ums Überleben ist der Wolf. Ein gefährlicher Gegner: schnell, stark und in seinem sozialen Verhalten den Menschen bis heute überlegen.

Ich bin so frei

Weil Wölfinnen manchmal ihren Wurf allein aufziehen, gelingt es in seltenen Fällen, die Welpen zu rauben: schöne dicke Wolfswelpen, eine Delikatesse.

Lebend werden die Fellknäuel zur Wohnhöhle befördert und vorerst den Kindern zum Spielen gegeben.

Die wollen ihr Spielzeug nicht mehr hergeben, die Weiber haben Hormonstöße, vom Kindchenschema ausgelöst: großes Gezeter, die Männer verzichten murrend – vorerst – auf den Braten.

Und dann kommt die Nacht, in der die Jungwölfe eine feindliche Menschenhorde melden, die sich anschleicht, um ihre Artgenossen zu töten und zu fressen (das war üblich und normal, dagegen gibt es auch heute nichts einzuwenden, denn zu der Zeit waren wir noch im Stand der Unschuld, die wir so gründlich und unwiederbringlich verloren haben).

Der Überfall wurde durch die überlegenen Sinnesorgane der Wölfe vereitelt, der Urvater des Haushundes stand am Beginn seiner traurigen Karriere.

Zunächst jedoch entstand eine Symbiose.

Die «Wachwölfe» versorgten sich selbst und halfen unseren Vorfahren bei der Jagd.

Dafür integrierten sie sich in einer schier unvorstellbaren Weise in die menschliche Gesellschaft, um sich nie wieder aus ihr zu lösen.

Als aus den Jägern Hirten und aus Hirten Bauern geworden waren, konnten die Nachfahren jener Wölfe bereits einen Teil ihres Triebpotentials umfunktionieren: sie rissen keine Schafe und Kühe mehr, sie bewachten und verteidigten sie. Wenn nötig, gegen die eigenen Artgenossen.

Ich bin so frei

Ein Verrat, für den sie in den nachfolgenden Jahrtausenden bitter bezahlen mußten.

Genausowenig, wie wir die unerschütterliche Affinität des Delphins zum Menschen, seinem größten Feind, erklären können, ebensowenig ist erklärbar, warum die Nachkömmlinge der ersten befriedeten Wölfe die Menschen nicht einfach wieder verließen, bevor sie vom Partner des Menschen zu seinem Sklaven verkommen waren.

Irgendwann war offensichtlich der Zeitpunkt für immer verpaßt, mit erhobener Rute in den damals noch unergründlichen Wäldern wieder zu verschwinden.

Der Rudelgenosse war zum paralysierten Abhängigen geworden, dem immer noch wachsenden Großhirn zauberisch erlegen.

Jetzt begann die Selektion.

Hunde können sich zweimal im Jahr vermehren, die Tragzeit beträgt nur 62 Tage. In weniger als einem Jahr sind sie geschlechtsreif: ideale Voraussetzungen für die Menschen, den inzwischen von ihnen institutionalisierten Göttern ins Handwerk zu pfuschen.

Besonders kleine, besonders große, besonders starke, besonders intelligente, besonders langhaarige, besonders kurzhaarige, besonders sanfte und besonders aggressive Hunde: damit begannen die willkürlichen Eingriffe in das genetische Potential der Wolfsabkömmlinge und dauern an bis zum heutigen Tag.

Der Hund war nicht nur ein für allemal seiner Freiheit beraubt, er hatte nun auch so auszusehen, wie man

Ich bin so frei

ihn an den verschiedenen Arbeitsplätzen gebrauchen konnte. Und man scheute sich nicht, Körperformen herauszuzüchten, die auf freier Wildbahn nicht lebensfähig gewesen wären: Zwerge und Riesen, die dem Menschen nicht nur ergeben waren, sondern ohne seine Hilfe hätten verhungern müssen: zu langsam, zu leicht, zu schwer, zu kurzbeinig, zu groß, zu klein.

Diese neuen Formen hielten sich bis zum Beginn unseres Jahrhunderts noch in vertretbaren Grenzen.

Man erzeugte Vielfältigkeit durch das gezielte Vermehren mit mutierenden Welpen, oft mit Krüppeln, die jede Wolfsmutter vorzeiten sofort totgebissen hätte, weil sie in *der* Form einfach nicht überlebensfähig gewesen wären.

Der Mensch aber konnte sie in höchst unterschiedlichen Formen gebrauchen. Und also sorgte er dafür, daß diese Form sich selbst erhielt, indem er «willkürliches» Vermehren soweit wie möglich verhinderte.

Interessant wäre es, festzustellen, wie lange es dauern würde, bis aus dieser inzwischen höchst fragwürdigen Vielfalt unserer heutigen «Rassehunde» wieder ein unauffälliger, stockhaariger, mittelgroßer Wildhund geworden wäre, wenn man urplötzlich mit der ganzen Züchterei aufhören würde und den Resten der Natur in unseren Hunden freien Lauf ließe. Ein utopischer, nichtsdestoweniger reizvoller Gedanke.

Aber gehen wir noch mal ein Stück – ein vergleichsweise kleines Stück – zurück: wenige Jahrhunderte nur.

Der Wolfsabkömmling Hund war zum Gebrauchsgegenstand entartet, «Gebrauchshunde» werden heute noch gezüchtet, ihre Existenz wird hoch gelobt.

Gebrauchshunde heißen so, weil man sie zu allem möglichen, für den Menschen Nützlichen «brauchen» kann.

Nicht aber, weil man, wie bei gebrauchter Wäsche, einen etwas angeschmuddelten Verschleiß bezeichnen will.

Der entsteht aber – und hier werden die Bilder wieder deckungsgleich –, wenn man «Gebrauchshunde» eine Weile gebraucht *hat*.

Sie werden dann bis zum heutigen Tag logischerweise häufig weggeschmissen. Weil sie dem «Hundesportler» – auch eine völlig widersinnige Bezeichnung – «nichts mehr bringen», weil sie alt, lästig, überflüssig, kostenträchtig geworden sind.

Denn seit sich zum Kampfsklaven, Hauswächter, Zugtier und Herdenwärter der Hund als Prestigeobjekt gesellt hat, seitdem kostet er, läßt sich erstmals seine totale Abhängigkeit in klingender Münze bezahlen.

Eine ohnmächtige Rache, entsetzlich teuer mit dem Verlust an Gesundheit, an Lebenskraft bezahlt.

Denn die eigentliche Katastrophe in der Geschichte der Hunde begann mit ihrer Denaturierung zum Luxuswesen.

Solange der Mensch ihn benutzt hatte, war wenigstens eines sichergestellt: seine körperliche Intaktheit.

Ein Hund, der nicht gesund war in dem Sinne, daß er über seinen Körper verfügen konnte, war eben nicht zu «gebrauchen».

Ich bin so frei

Also hütete man sich, Hunde hervorzubringen, deren Körperformen allzu extrem und damit uneffektiv waren.

Und damit ist es an der Zeit, den letzten Sprung zu machen, den in unsere hochzivilisierte, gleichwohl völlig heruntergekommene Welt, eine Welt, in der sich die ineinander verklammerten Absurditäten ein labiles Gleichgewicht geben, das unschwer ins Wanken gebracht werden kann.

Alle wissen, was uns dann erwartet, und nahezu jedermann sägt weiter verbissen an dem Ast, auf dem er sitzt.

Die wenigen Weisen unter uns werden gehört, bestaunt, belächelt oder verhöhnt: gegen den Bazillus der menschlichen Dummheit ist das Aidsvirus ein banaler Schnupfenerreger.

Und das Schema ist immer das gleiche: die Sinnlosigkeit feiert fröhliche Urständ, ob es um die Verpestung der Luft, um den Verein zur Förderung des Motorsports oder eben auch um die gezielte Vermehrung von monströsen Hunden geht.

Besuchen wir also eine große internationale Hundeausstellung, einen Ort, wo erklärtermaßen die schönsten und die besten unter den zirka vierhundert registrierten Rassen benotet und die allerschönsten und allerbesten zwecks Weitergabe ihrer Hochwertigkeit empfohlen werden sollen.

Denn züchten kann praktisch nur der, dessen Rüde oder Hündin mehrfach mit höchsten Noten bewertet wurde und internationale Würden errungen hat.

Welpen von nicht ausgezeichneten Elterntieren

lassen sich kaum verkaufen. Der Markt ist groß, die Konkurrenz erdrückend, jedenfalls bei den meisten Rassen.

Ebenso erdrückend ist der Anblick dieser Hallen, in denen die Hunde – in kleine Drahtkäfige oder Boxen gesperrt – zwei oder drei Tage verbringen müssen, umgeben von Hunderten ihrer Artgenossen, in einer ohrenbetäubenden Geräuschkulisse: per se eine widernatürliche Situation, die sie – je nach Veranlagung – stoisch oder aggressiv – über sich ergehen lassen.

Was bleibt ihnen auch anderes übrig, den Nachkommen jener stolzen Wölflinge, die sich freiwillig mit ihren hochentwickelten Fähigkeiten partnerschaftlich in den Dienst einer frühen Menschheit gestellt hatten?

Inzwischen sind sie heruntergekommen zu Objekten sinnlosen Ehrgeizes und übler Geschäftemacherei.

Beginnen wir mit der Schilderung einer relativ harmlosen Form des züchterischen Irrsinns:

Nachdem es gelungen war, dem Hund das allein sinnvolle Fell, das stockhaarige des Wolfes und fast aller Wildhundrassen, wegzuzüchten, nackte Hunde zu «kreieren» und solche mit einem Haargebüsch, das sie zu einem verfilzten Wollungetüm macht, wie den ungarischen Komondor, wurde der Hund pflegeaufwendig.

Die Haarpracht wird nun geföhnt, geschnitten, rasiert, toupiert, onduliert, fixiert, bis so ein armes Luder ein lächerliches Zerrbild seiner selbst geworden ist.

Überall in den Ausstellungshallen sind Quasi-Galgen aufgestellt, an denen die Hunde, mit einer kurzen Schlinge am Hals gefesselt, «gestylt» werden.

Je nach Rasse: vorne lang, hinten – in der empfindlichen Nierengegend – kurz oder nackt, mit Pompons an Beinen, Ohren, Schwänzen. Mit Punkfrisuren oder Haaren über den Augen. Mit original langen Schwänzen, die modisch abgesäbelt wurden oder so weggezüchtet, daß die Hunde schon schwanzlos, also verkrüppelt, geboren werden.

Warum schicken die Richter solche Hunde nicht aus dem Ring?

Wir wollen zu ihren Gunsten annehmen, daß sie nicht wissen, daß mit diesem Defekt schwere Erbfehler verbunden sind. Aber warum wurden sie Richter, wenn sie derart gravierende Unkenntnis zeigen?

Oder anders gefragt: Wenn man schon sowenig erbbiologische Kenntnisse hat, warum besteht dann nicht die bindende Vorschrift, jedem Richter einen Veterinär als kontrollierende Instanz zuzuordnen?

Dann wäre vielleicht auch die Farbverteilung bei, beispielsweise, den Boston Terriern weniger wichtig als die Größe ihrer Köpfe, die eine natürliche Geburt möglich oder nicht möglich machen.

Bestimmte Rassen existieren doch nur noch, weil es als Ultima ratio immer die Sectio caesarea gibt, den kaiserlichen Schnitt, der immer nur ein Mittel sein sollte, Unfälle während des Geburtsvorganges nicht tödlich enden zu lassen.

Und will irgend jemand ausschließen, daß es Tierärzte gibt, die der Versuchung erliegen, einen Kaiserschnitt zu machen, weil sie dann zum Krimi zu Hause

Ich bin so frei

sind, sich andernfalls aber die ganze Nacht um die Ohren schlagen müssen, um bei einer normalen Geburt Beistand zu leisten? Für das gleiche Honorar?

Gegen derartige schwere Vergehen wider die Natur nehmen sich kupierte Schwänze vergleichsweise harmlos aus. Übrigens gibt es einen Fall, wo die Rückzüchtung auf kurze Schwänze sinnvoll und notwendig wäre: bei den riesigen Deutschen Doggen. Sie sind kurzhaarig, und der lange, im Ansatz handgelenkdicke Schwanz läuft in eine dünne Spitze mit zartesten Knöchelchen aus. *Ein* Schlag mit dieser Schwanzpeitsche gegen irgendeinen kantigen Gegenstand, und sie bricht oder schlägt sich blutig.

Natürlich müssen ausgerechnet diese Hunde obligatorisch *lange* Schwänze haben; der Rassestandard, ein von den jeweiligen Zuchtverbänden aufgestellter Normenkatalog äußerer Merkmale, will es so.

Definitiv geht es dabei in erster Linie um Nebensächlichkeiten wie Augenfarbe, Haarfarbe, Haarlänge oder Körpergröße und -gewicht.

Wesen und Charakter lassen sich während einer Show ohnehin nicht feststellen.

Was aber sagt denn schon das gefällige Äußere dieser hochprämierten Hündin beispielsweise über ihre Gebärfähigkeit aus, über ihre Fertilität, ihren Mutterinstinkt und ihre Fitneß?

Was weiß der Richter über jenen zur Vererbung seiner Schönheit empfohlenen Rüden? Der Deckakt vollzieht sich im stillen Kämmerlein, und der Unfähigkeit, sich selbständig fortzupflanzen, kann mit Hilfe des ehrgeizigen Besitzers abgeholfen werden. So gibt viel-

Ich bin so frei

leicht ein hochdekorierter Rüde seinen schweren genetischen Defekt hochbezahlt an große Teile des Rassepotentials weiter.

Aber werfen wir noch einen Blick auf die Frisierten! Abgesehen von ästhetischen Gesichtspunkten – und von ihnen *kann* man absehen, denn den Hunden ist es Wurscht, wie einer aussieht, da gelten vorwiegend olfaktorische Anti- beziehungsweise Sympathien –, davon abgesehen also ist eben nichts mehr zu sehen: nur die Frisur.

Körperliche Defekte und Formfehler lassen sich perfekt kaschieren. Und achten Sie mal darauf, welcher Richter einen Hund abtastet, bevor er ihn bewertet. Ich habe das unlängst zum erstenmal erlebt; der betreffende Richter kam aus England.

Dagegen habe ich unzählige Male erlebt, daß Richter bei den im «Ring» laufenden Hunden offensichtliche Fehler im Gangwerk, deutliche Lahmheiten, nicht bemerkten oder ignorierten, weil sie den betreffenden Hund auf den ersten Platz bringen *wollten*.

Sie hatten gewiß ihre Gründe dafür, denn fast jeder Richter verwertet seine bedeutenden Fähigkeiten auch als Züchter und möchte seine eigenen Hunde dem Wohlwollen seines Kollegen empfehlen, dessen Zuchtprodukte er benotet.

An dieser Stelle erhebe ich die Stimme in das Protestgeheul der vereinigten Hundezuchtverbände hinein und sage, daß ich wohl um die ernsthaft Bemühten und engagiert Verantwortlichen in der Branche weiß, aber die Sache mit dem schwarzen Schaf in einer unschuldsweißen Herde stimmt so auch nicht: Es handelt sich nach meiner jahrzehntelangen Erfahrung um eine schwarze Herde mit einer überschaubaren Anzahl weißer Exemplare darin.

Im übrigen ist einem Hund nur so lange sein Haarkleid egal, als er sich darin wohl fühlt, das heißt ungehindert bewegen kann. Das kann er aber nicht, wenn das Fell so lang ist, daß er sich beim Laufen drin verheddert, wenn es ihm zu warm ist oder wenn er friert. Und wenn die Haare die Augen bedecken, sieht er kaum noch etwas und wird extrem lichtempfindlich.

Es gibt Züchter, die bestreiten, was jedes Schulkind sehen kann, und es gibt Käufer, die ihnen glauben.

Ein letztes Beispiel für praktizierten Firlefanz dieser Kategorie: Der «Old English Sheepdog», auch Bobtail genannt, ein schöner, harmonischer Hund mit langem Haar, wird neuerdings am Hintern gegen den Strich gebürstet. Dann sieht er aus wie eine dicke Schlampe mit hochgehobenen Röcken.

Und weil, wie ich schon sagte, die allermeisten Richter die – im wahrsten Sinne des Wortes – «Gerichteten» nicht anfassen, kann man wahrhaftig mit so einer Dämlichkeit vortäuschen, der Hund sei hinten höher als vorn, wie es der heilige Standard verlangt, obwohl ihm die meisten Vertreter dieser Rasse da nicht folgen können.

Es gibt keine Wildhundform, keinen Wolf mit herunterhängenden Ohren. Also züchtete man aus defekt mutierten Welpen Behänge, die vom leichten, lustigen Kippohr gewisser Terrierrassen über die Rosenöhrchen der strammen Bulldogs bis zu den monströsen Riesenlappen einer so monströsen Rasse wie des heutigen Basset reichen. Ich sage «heutiger Basset» und meine den Vertreter jener armen Zunft, der aus ansehnlichen niederläufigen Jagdhunden wie dem Basset Artésien herausgezüchtet wurde und jetzt wie ein Bloodhound aussieht, dem die Beine amputiert wurden.

Ein schweres Ohr mit schmalem Ansatz wie bei den Cocker Spaniels kann der Hund nicht einmal mehr andeutungsweise aufstellen: das Ohrinnere wird nicht belüftet, lebenslange schmerzhafte Ohrenleiden sind unvermeidbar.

Schleppt der Ohrlappen, wie beim Basset, sogar auf der Erde nach, wenn dieser ehemalige Jagdhund tut, was man ihn gelehrt hat – nämlich mit der Nase auf der Fährte laufen –, dann entstehen natürlich Verletzungen und chronische Entzündungen an den Ohrenrändern. Selbstverständlich gibt es Basset-Züchter, die das bestreiten, und Käufer, die ihnen glauben.

Der Gipfel menschlichen Irr-Sinns aber ist: Nachdem dieses mannigfaltige Ohrgeschlabber aus dem allein natürlichen Stehohr herausgezüchtet worden war, befand man, daß an diversen Rassen das nunmehr fallende Ohr abzuschneiden sei, weil das besser zum Kopf passe.

Dieser schmerzhaften Prozedur wurden Abertausende von Hundebabys unterzogen.

Die Züchter der betreffenden Rassen postulieren natürlich, den Welpen würde es nichts ausmachen, die Ohren abgeschnitten zu bekommen. Und ganze Herden von Käufern glauben auch das.

Ich bin so frei

Bei uns ist das Kupieren jetzt verboten, aber es ist nicht verboten, kupierte Hunde auszustellen oder zu bewerten. Jedenfalls nicht, wenn sie vor dem 1. 1. 1987 kupiert wurden. Die Ohrkrüppel bleiben uns also in jedem Fall noch ein rundes Jahrzehnt erhalten.

Bisher habe ich von läßlichen Sünden wider die Natur gesprochen. Denn was ist schließlich ein amputiertes Ohr oder ein zu dünnes Fell gegen die verkrüppelten Beine vorgenannter Bassets, gegen die von viel zu schweren und langen Lefzen herabgezogenen Augenlider, die chronische Bindehautentzündung und noch Schlimmeres verursachen.

Was ist ein zu kurzer oder zu langer Schwanz gegen programmierte Zwergwüchsigkeit, die mit zahllosen Defekten ebenso gekoppelt ist wie das Gegenteil? Riesenwüchsige Hunde, deren Körpergewicht vom Knochen-, Sehnen- und Muskelapparat nicht mehr bewältigt werden kann und die sich schmerzerfüllt und behindert durch ihr Leben schleppen, das nur die Hälfte eines normalen Hundelebens dauert?

Hüftgelenkdysplasie, Gelenkluxationen, Bänder- und Sehnenprobleme sind programmiert.

Überflüssig zu bemerken, daß die Züchter dieser Rassen derartiges bestreiten und die Käufer ihnen glauben. Wohlfeile Information könnte sich jeder potentielle Hundekäufer im Wartezimmer großer Tierarztpraxen oder an den veterinärmedizinischen Kliniken holen. Aber das tut niemand.

Der Kauf eines neuen Automobils wird dagegen allgemein sorgfältig und sachkundig vorbereitet.

Ich bin so frei

Die Züchter haben es also gar nicht nötig, ihre vermanschten Produktionen zu kaschieren.

Im Gegenteil: Hauptsache, der Hund sieht nicht so aus wie der Hund vom Nachbarn. Am besten überhaupt nicht wie ein Hund. Vom Chihuahua zum Beispiel kann man das behaupten: anderthalb Pfund Hund. Wird gerne in Kaffeetassen fotografiert.

Der meist unglückliche Gesichtsausdruck rührt nicht einmal daher, daß noch Kaffee in der Tasse war, auch nicht daher, daß diese Hunde zeit ihres Lebens ein Loch in der Schädeldecke haben. Das wird – Gipfel der Perversion – von Liebhabern der Rasse stolz erwähnt: die einzige Hunderasse, bei der sich die Fontanelle nicht schließt! Und eine der ältesten Hunderassen der Welt. Triumphieren die Züchter. Was doch nur beweist, daß es schon immer Menschen gab, die nicht wußten, was sie taten.

Inzwischen ist die Anomalie nicht einmal mehr chihuahuatypisch: auch andere Minihunde haben jetzt öfter mal offene Köpfe.

Zum Beispiel die Yorkshire Terrier, einstmals stämmige Rattenfänger, heute zu hilflosen Zwergen verkommen, denen erschütterndweise immer noch der einstige Löwenmut erhalten geblieben ist.

So kann einem passieren, daß so ein Bündel – an einem Galgen hängend, wo das Haar auf zahllose Lokkenwickler gepfriemelt wird – einem Besucher böse knurrend die defekten Zähnchen zeigt.

Die Knochensubstanz bei diesen Tieren ist so papierdünn geworden, daß man das Köpfchen mit einer Hand zusammendrücken kann (mir wurde das an einem Präparat vorgeführt). Versuchen Sie das gleiche mal mit einem rohen Ei: es wird Ihnen nicht gelingen, allen erfolgten Manipulationen mit den armen Schweinen von Hühnern zum Trotz.

Aus dem stahlharten Wolfsschädel ließ der züchterische Genius ein erbärmliches Stückchen Pappmaché werden.

Das Skelettchen ist bei diesen Gnomen derartig spärlich geworden, daß sich das arme Ding, wenn es Frauchen temperamentvoll vom Schoß springt, das Kreuz brechen kann.

Allgemein gesehen hat der Irrsinn folgende Methode: Kommt ein Hund in Mode, dann wird er nicht nur tausendfach geliefert, auf Wunsch auch per Post und Nachnahme – dann *ist* er geliefert.

Wahllos, weil gut verkäuflich, vermehrt, wird sofort versucht, spezifische Merkmale der Rasse ins Groteske zu steigern: Hat der Hund große Augen, werden sie ihm so groß gezüchtet, daß sie fast aus den Höhlen fallen (Pekinese, Mops etc.), hat er sehr kleine, wie der Bull Terrier, dann werden sie so verkleinert, daß die Lidränder nach innen fallen und die unteren Wimpern gegen die Hornhaut scheuern. «Entropium» nennt das der Veterinär, und als die stämmigen und bis dahin gesunden Bull Terrier Mode wurden, hat man ihnen beiläufig auch eine lipizzanerartige Rammsnase angezüchtet und so aus dem normalen Gebiß einen Vorbeißer gemacht.

Auch mit Mini-Bull-Terriern hat man es versucht, aber die Ergebnisse waren zur Enttäuschung der Designer eher armselig.

Ich bin so frei

Dafür ist es gelungen, relativ kurznasigen Rassen die Nase bis auf einen winzigen Knopf in Gesichtsmitte fast ganz wegzuzüchten.

Hat eine Rasse lange Ohren und gewinnt an Interesse, dann ist damit zu rechnen, daß sich die Ohren binnen weniger Jahre ins Gigantische verlängern, um den Umsatz weiter anzuheizen. Eine Rechnung, die fast immer aufgeht.

Man traut sich kaum, eine unverzüchtete Rasse zu empfehlen, aus Angst, sie könnte in Mode kommen.

Zuletzt ist das wohl beim West Higland White Terrier passiert: zunehmende Beliebtheit war umgehend mit dem Versuch gekoppelt, ihn zu verzwergen, hektische Vervielfältigung brachte schwere Hautprobleme (Ekzeme etc.).

Am sympathischsten sind zweifellos jene Züchter, die sich einer Rasse widmen, weil sie deren gute natürliche Eigenschaften schätzen, die ein bis zwei Würfe im Jahr haben und Schwierigkeiten, die Hunde für wenig Geld in gute Hände zu geben, weil so ein Hund eben nicht «in» ist und es im glücklichsten Fall auch niemals sein wird.

Der Border Terrier ist so ein Hund.

Der Cairn Terrier auch, aber leider wird er zunehmend beliebter, und ich will nichts gesagt haben.

Diese Heerscharen über- und unterproportionierter Hunde sind, wie so manches Widersinnige, eine Erfindung der Neuzeit.

Schon um 1900 gab es den größten Teil der heutigen Rassen, aber sie waren eben nur groß, nicht riesig, und klein, ohne zu Krüppeln zu verzwergen. Fünf Kilo nach unten und fünfzig Kilo nach oben waren die ungefähre Begrenzung. Heute können Hunde 750 Gramm oder über hundert Kilo wiegen.

Die kurzköpfigen hatten vor hundert Jahren allemal noch einen Nasenrücken, die langköpfigen immer noch normale Hundeköpfe, die nichts Gurkenartiges aufwiesen.

Lange Ohren waren mäßig lang, und bei aller Vielfalt konnten noch Gemeinsamkeiten konstatiert werden.

Der Deutschen liebster Hund, der Schäferhund, sah damals noch sehr wolfsähnlich aus. Seine Züchter legen noch heute großen Wert auf die nahe Verwandtschaft zum Urvater aller Hunde, aber die Ähnlichkeit zu seinem doch so bewunderten Ahnherrn hat man ihm rigoros weggezüchtet:

Aus dem hochläufigen, geradrückigen grauen Jäger mit den starken Gliedmaßen ist ein relativ gedrungener Hund mit schrägem Rücken geworden, dem die Hinterbeine quasi hinterherlaufen. (*Wenn* sie das tun! Die Rasse hat mit ihrer nationalsozialistischen Vergangenheit weit weniger Schwierigkeiten als mit der Hüftgelenksdysplasie.)

So also sieht es aus mit unseren geliebten, gequälten, verwöhnten und verwahrlosten Hunden.

Besser können die Dinge nicht werden, ohne zunehmende Sachkenntnis der Käufer.

Angebot und Nachfrage bestimmen auch hier den Markt: Wenn defekte, neurotische Hunde nicht hoch prämiert würden, könnte man sie nicht als Spitzentiere verkaufen.

Ich bin so frei

Gäbe es eine sachkundige, entschlossene Nachfrage nach gesunden, in allererster Linie nach *gesunden* Hunden, dann müßten auch gesunde Hunde angeboten werden.

So einfach ist das, nur: funktionieren tut es nicht!

Die Hoffnung sollte man dennoch nicht aufgeben. An anderer Stelle hat es ja geklappt: Störanfällige Automobile zum Beispiel sind nahezu ausgestorben!

Die falsche Idylle

Die falsche Idylle

Der kleine Wolf ist gestern acht Wochen alt geworden. Das weiß er natürlich nicht. Mit gespannter Aufmerksamkeit verfolgt er die Rutenspitze des Alpha-Wolfes. Der Rudelführer schläft in entspannter Seitenlage, ruhig atmend. Nur eben die Rutenspitze zuckt in unregelmäßigen Abständen. Wölfchen nimmt Maß und mit einem für seine Verhältnisse kühnen Satz hat er sie erwischt und beißt mit Lust und spitzen Milchzähnchen hinein. Im nächsten Augenblick fliegt er zwei Meter durch die Luft, landet verdutzt auf dem Po und denkt nach. Er hat zum richtigen Zeitpunkt das Richtige gelernt: Die Zeit der absoluten Handlungsfreiheit ist vorbei. Von nun an müssen gewisse Regeln beachtet werden. Regel Nr. 1: Störe niemals ein erwachsenes Rudelmitglied im Schlaf!

Ich habe diese Geschichte nicht nur erzählt, um klarzumachen, daß Wölfe und alle Wildcaniden nichts von antiautoritärer Erziehung halten. Inzwischen haben selbst Menschen begriffen, daß auch Kinder in einen Rahmen von Erlaubtem und Nichterlaubtem hineinwachsen müssen. Diese Situation, die sich ganz ähnlich und bei gleichem Entwicklungsstand der Welpen bei allen Raubjägern abspielt, zeigt, welche Einstellung Hunde Kindern gegenüber haben, die ja Mitglied der

Die falsche Idylle

Familie des Menschenrudels sind. Sie können auf Kinder nur übertragen, was Instinkt und Erfahrung sie gelehrt haben:

Ganz kleine Kinder sind absolut tabu. Sie dürfen alles und müssen von allen davor bewahrt werden, durch ihre eigene Tolpatschigkeit Schaden zu nehmen. Auch der kleine Wolf konnte noch einen Tag zuvor alle Rudelmitglieder überallhin beißen und dem Boß den Knochen aus dem Maul nehmen. Wenn also das Baby bei dem Versuch, auf die Beinchen zu kommen, das Hundeohr zu Hilfe nimmt, dann wird sich der Hund mit der gleichen schmerzlichen Verlegenheit entwinden, mit der Onkel Paul das erstaunlich fest klammernde Händchen seines halbjährigen Neffen aus seinem Schnauzer loswindet.

Aber, und hier beginnen in den Familien mit Kind und Hund die Mißverständnisse, die zu Katastrophen führen können: das bleibt nicht immer so. Das Kind wächst heran und aus dem Stand der Unschuld heraus. Es lernt jeden Tag mehr. Und was lernt es? Unter anderem: wie seine Eltern, Großeltern und andere erwachsene «Clanmitglieder» mit dem Hund umgehen, welche Stellung sie ihm zubilligen und welche Stellung er einnimmt (was nicht immer dasselbe sein muß).

Wird der Hund freundlich und mit selbstverständlichem Respekt behandelt, gesteht man ihm seine Bedürfnisse zu: essen, schlafen, spazierengehen, spielen zum Beispiel, tabuisiert man seinen Schlafplatz und läßt ihn ungestört essen, dann wird das Kind in diese Haltung der Familie zum Hund ganz selbstverständlich hineinwachsen. Der Hund, der – ich werde hier

Die falsche Idylle

ruhig mal dramatisch – sein Leben eingesetzt hätte, um das hilflose Baby zu beschützen, wird diese Einstellung dem heranwachsenden Kind gegenüber behalten und selbst von der so anders gearteten Intelligenz des menschlichen Partners profitieren.

Brüllen die Eltern mit dem Hund herum, lassen sie ihre Launen an ihm aus, wie ihnen gerade das Hütchen steht, nehmen sie das Kind am Ende mit auf den Hundevernichtungsplatz des «Hundesportvereins» und zeigen dem Kind, wie sie dem Hund zeigen, was eine Harke ist, wie der Hund sich «unterzuordnen» hat und bedingungslos «parieren» muß, erlebt das Kind gar, wie an dem vermeintlichen Familienmitglied Gewalt ausgeübt wird, sieht es nur *einmal*, daß der Hund geschlagen wird, dann wird das Kind – weil es eben nicht nur Gutes und Vernünftiges nachzumachen versucht – auch das tyrannische Herrschaftsgebaren der «Führungsspitze» irgendwann übernehmen wollen. Und es wird sein blaues Wunder erleben.

Was der Hund, roher Gewalt ausgesetzt, von dem «Patriarchen» gerade noch hinnimmt, das wird er von Kindern, die in der Rangliste nach seinem Verständnis ganz unten stehen, nicht dulden. Er wird das herumkommandierende Kind zunächst mit Nichtachtung strafen, einfach weggehen. Wenn er das nicht kann und das Kind wird lauter und schließlich handgreiflich, dann wird er seinen Standpunkt deutlich machen. Seine Standpunkte sind seine Zähne. Und wenn man weiß, daß schon ein Dackel die doppelte Kieferkraft eines erwachsenen Mannes hat, dann kann man sich über die definierte Selbstbeherrschung unseres Hundes

Die falsche Idylle

nur wundern: Der zu Recht Empörte hinterläßt vier blaue Punkte auf dem Kinderarm oder -bein. (Ich spreche hier vom psychisch und genetisch *normalen* Hund; über die Neurotiker auf vier Beinen später.)

Der Hund hat also getan, was er glaubte tun zu dürfen, ja tun zu *müssen*. Der junge Wolf, der sich nicht der Ordnung fügt, die die erwachsenen Rudelmitglieder verkörpern, gefährdet die ganze Gemeinschaft.

Was aber geht jetzt in der Menschenfamilie los! Das Kind schreit zetermordio, die Mutter läßt Kochlöffel oder Telefonhörer fallen und stürzt auf den Hund los, der freundlich das «bestrafte» Kind samt «zugerichtetem» Ärmchen beschnuppert. Nach wie vor will er dem Kind nichts Böses tun, im Gegenteil: Sein Schutzinstinkt ist ungebrochen. Er fühlt sich im Recht, hat, wie die Juristen sagen, kein Unrechtsbewußtsein und ist auch in Wahrheit schuldlos und trägt nichts nach. Wenn die Eltern das nicht sehen, nicht einsehen, *wer* hier mit ein paar ernsten Worten mal zur Brust genommen werden muß, dann machen sie schon wieder einen verhängnisvollen Fehler. Dann nämlich wird sich der Vorfall wiederholen, und mit zunehmender Körperstärke des Kindes – die natürlich nie die Stärke eines großen Hundes erreichen kann, wenn man den denn dazu bringt, sie einzusetzen – wird die Reaktion des Hundes ebenfalls eskalieren. Ich habe aber auch schon Kinder erlebt, die den ersten Einspruch des Hundes gegen ihre Vorherrschaft bleich, still und nachdenklich wegsteckten und den Eltern nichts sagten, weil sie ein intaktes Schuldbewußtsein hatten.

Die falsche Idylle

Andernfalls schaukelt sich das Mißverständnis zwischen Kind und Hund immer weiter auf. Der Hund, von den «Rudelführern» zum Angstbeißer erzogen, verliert eines Tages sein Gefühl für die Verhältnismäßigkeit seiner Reaktionen, und der Rest steht dann am nächsten Tag in der Zeitung. Niemals aber der Background der Geschichte. Aus den Trümmern dieser zerstörten Mensch-Hund-Beziehung wächst dann ein dauerhafter Haß der Beteiligten und Unbeteiligten. Der Sachverhalt wird nie geklärt, mit Eltern und Kind spricht kein Kundiger. Der Schaden ist irreparabel, wo Aufklärung zu haltbarem Frieden geführt hätte, und Vorurteile sind dauerhaft zementiert.

Trau, schau, wem!

Trau, schau, wem!

Trau, schau, wem!

Trau, schau, wem!

Eines der großen städtischen Tierheime. Am Empfang eine Dame in den besten Jahren, so resolut, wie man auf diesem Posten zu sein hat, und so mißmutig, wie man wird, wenn man sich Tag für Tag faustdicke Lügen anhören muß.

Vor dem Tresen eine bürgerliche Familie: Vater, Mutter, Kind und Hund. Die Eltern mit starren Da-müssen-wir-durch-Gesichtern, der Hund ein gut gehaltener, gut ernährter, nicht zu großer Bernhardiner. Das kleine Mädchen ist vielleicht vier. Mit einer Hand klammert es sich an das – teure – Hundehalsband und weint still vor sich hin.

«Bitte?» Die Augen der Resoluten wandern von einem zum anderen, sehen nicht nur, sondern machen sich ein Bild.

«Wir wollen den Hund abgeben.»

«Warum?»

«Er hat das Kind gebissen!»

Pause. Ich stehe daneben, es reißt mich, ich mische mich ein: «Wieso? Das Kind ist doch noch da?»

Haßerfüllte Blicke der Eltern.

«Ich meine, wenn der Hund, so ein Hund, das Kind gebissen hätte – dann wäre es doch im Krankenhaus, mindestens. Allermindestens hätte es Ratscher, Blutergüsse –?»

Trau, schau, wem!

Trau, schau, wem!

Trau, schau, wem!

Um die Mundwinkel der Empfangsdame zuckt es. Die Eltern pressen die Lippen zusammen, das Kind weint jetzt ein bißchen mehr.

«Kommen Sie rein.»

Ich drehe mich um und gehe. Mir ist mies. Eben war ich Zeuge der Inhaftierung eines Unschuldigen. Einen Prozeß wird es nicht geben. Die Freilassung auf dem Gnadenweg ist ungewiß. Gründe für die Überführung in den Knast können dem eingesperrten Hund nicht mitgeteilt werden. Die Haftbedingungen sind meist erträglich. Aber welchen grundlos Inhaftierten tröstet das schon?

Szenen wie die beschriebene finden jeden Tag in unseren Auffanglagern für die weggeschmissenen besten Freunde der Menschen statt. Nun ist es ja menschlich, mit der Wahrheit sparsam umzugehen. Besonders, wenn man dabei nicht so gut aussehen würde. So was wie die Dame im Leopardenmantel, die im Hunderttausendmarkauto vorfährt und ihren hochgestylten Pudel mit der Bemerkung abgibt, seine Ernährung würde ihr zu teuer, ist eher selten. Ich habe die Szene selbst erlebt und gebe zu, sie ist kaum zu glauben. Hier war die Ehrlichkeit mit dem Verlust der Scham gekoppelt. Auch kein schöner Anblick.

Andererseits: Wer über genug Bekennermut verfügt, zuzugeben, daß ihm sein Tier einfach mit der Zeit lästig geworden ist, zuviel Umstände macht, dem möchte ich ein mageres Quentchen Sympathie nicht mal versagen. Solche Tiere bekommen wenigstens einen einigermaßen zutreffenden Steckbrief mit auf den Weg, der ihre Vermittlung sehr erleichtert.

Trau, schau, wem!

Die meisten Helfer in Tierasylen arbeiten ehrenamtlich und sind überbeschäftigt. Oft bleibt einfach keine Zeit, die Angaben der Vorbesitzer zu prüfen, und bei den Aufgegriffenen und Ausgestoßenen weiß man zunächst gar nichts, muß sich selbst ein Bild machen, um es an Interessierte weitergeben zu können, und wieder ist das eine Zeitfrage.

Ich habe im folgenden einige Ausreden zusammengestellt, die mehr oder weniger faul sind und zu den Standarderfahrungen jedes Tierheims gehören.

1. Hund hat Kind (Frau, Mann) gebissen. Wenn der Gebissene keine Blessuren vorweisen kann, ist das sicher gelogen. Wenn nicht, kann es gute Gründe zugunsten des Angeklagten geben. Die Rasse des «Täters» hilft ein bißchen bei der «Wahrheitsfindung». Ein bissiger Beagle zum Beispiel? Na, ich weiß nicht.

2. «Wir haben plötzlich gemerkt, daß unser Mietvertrag gar keine Hundehaltung erlaubt.» Dreiste Lüge, besonders, wenn der Hund schon längere Zeit dennoch geduldet wurde. Die Gerichte verlangen in solchen Fällen die weitere Duldung des Hundes.

3. Schwierigkeiten mit den Nachbarn. Kann sein, aber eine armselige Lusche, wer das für seinen Hund nicht durchsteht.

4. «Unser Kind hat plötzlich eine Allergie gegen Hundehaare.» Möglich, aber nicht wahrscheinlich, wenn das Kind schon jahrelang ohne Beschwerden mit dem Hund zusammengelebt hat.

5. «Ich habe mich von meinem Mann (Freund, meiner Frau, Freundin) getrennt. Wir können die Hundehaltung nicht mehr organisieren.» Leider oft wahr.

Trau, schau, wem!

Trau, schau, wem!

Aber auch eine bequeme Ausrede, die sogar noch mitleidheischend wirkt. Man sollte meinen, wenn der Hund wirklich ein Weggefährte war, sollte sich auch in einem solchen Fall etwas Besseres finden als das Heim.

6. «Der Hund ist schon zweimal krank gewesen. Jetzt ist er wieder krank, und ich kann (will?) das nicht mehr bezahlen.» Gehört zu den nachprüfbaren Fällen: Wann und wie krank war – ist – er? Behandelnder Arzt? Aber das spielt eigentlich keine Rolle. Wer so etwas als Ausrede benutzt, ist ein übler Geselle. Das kann kein gutes Zuhause für den Hund gewesen sein. In Fällen wirklicher Not aber ist, meine ich, der Tierarzt gefordert. Der kennt nämlich seine Pappenheimer, und wenn er einem geliebten Hündchen die Behandlung verweigert, weil die Besitzer wirklich keine müde Mark über das Lebensnotwendige hinaus haben, dann hätte er lieber Börsenmakler werden sollen in seiner Eiseskälte.

Ich habe mich natürlich umgetan, bevor ich diesen kleinen Katalog der hauptsächlich angeführten Gründe für die Überführung eines Hundes ins nächste Tierheim veröffentliche, und für das meiste verbürge ich mich aus eigener Erfahrung.

Übereinstimmend und zusammenfassend sagten aber alle befragten Tierheimleiter, daß siebzig bis achtzig Prozent der angegebenen Gründe eindeutig erlogen sind. Und diese Lügen sind in den allermeisten Fällen nicht nachweisbar. Werden also von den Leuten, die sich von ihren Hunden auf diese Art trennen, deren Charakterdefekte als Grund angegeben, dann kann ich die Tierheimleiter nur herzlich bitten, keinen negativen Steckbrief in die Eingangskladde aufzunehmen und ihn schon gar nicht an den Zwinger zu hängen. Man kann den Interessenten ja mündlich mitteilen, was der Besitzer angegeben hat – und gegebenenfalls ein Auge zukneifen.

Gut geführte Heime erlauben vertrauenswürdigen Leuten, mit dem Hund spazierenzugehen, gewissermaßen eine Anprobe zu machen, um festzustellen, wer paßt zu wem oder wer ist dem überhaupt gewachsen. Wenn Ihnen das in einem solchen Fall gestattet wird und man Sie bittet, Ihren – gültigen – Personalausweis solange im Büro zu deponieren, dann seien Sie bitte nicht beleidigt, weil man Ihren goldenen Charakter nicht sogleich erkannt hat. Freuen Sie sich lieber darüber, daß dieses Tierheim für die ihm Anvertrauten kein Risiko eingehen möchte.

Falls der Leser spätestens jetzt vermutet, ich hätte mit den vorangegangenen Informationen beiläufig noch einmal für den Erwerb eines Tierheimhundes plädieren wollen, dann liegt er richtig. Zumal die Gleichung Tierheim = Mischling schon längst nicht mehr zutrifft. «Rassehund» zu sein schützt heute nicht mehr davor, weggeworfen zu werden. Weshalb Neues produzieren, wenn vom Gewünschten eine bunte Vielfalt schon auf dem Markt ist?

Ich will mal so sagen: Warum auf den gezüchteten Hund für Ihr Heim warten, wenn der gezüchtete Hund im Heim auf Sie wartet?

Die Kampfhundlüge

Die Kampfhundlüge

Natürlich stellt sich jedem Uneingeweihten, an Hunden generell nicht Interessierten, die Frage: Wie kommt es, daß in den Medien seit Jahren eine Pogromstimmung gegen Hunde zunächst angefacht und in der Folge immer wieder neu geschürt wurde? Immer dann nämlich, wenn sich die in Aufregung versetzte Bevölkerung wieder zu beruhigen begann, weil es ja definitiv keinen Grund zur Aufregung gibt. Nun, es gab und gibt einen einzigen, ebenso einleuchtenden wie abstoßenden Grund: Berichte über Menschen, die von Hunden angefallen wurden, erhöhen nachweislich die Auflage, und zwar proportional: Je grausiger und blutiger Text und Bild, desto höher die Verkaufszahlen. Und was dem Fernsehen die Einschaltquote, das ist der Presse die verkaufte Auflage.

So weit, so schlecht. Und wie steht es mit dem berühmten Körnchen Wahrheit, das bekanntlich jede Lüge enthält? Es macht die Lüge nicht kleiner. Aufs Kampfhund-Thema bezogen: Hunde sind in der *Lage* zu beißen. Entsprechend ein Beispiel aus dem menschlichen Bereich: Es ist eine Lüge, daß Frau X es gegen Honorar mit jedem treibt. Das blöde Körnchen: Frau X ist weiblich und *könnte* es tun. Ergo: Es *gibt* die Lüge pur, ohne einen Hauch jener Wahrheit, aus der sie entstanden sein könnte.

Die Kampfhundlüge

Im folgenden will ich versuchen, das fürchterliche Durcheinander über sogenannte Kampfhunde, Pit Bull Terrier sowie andere Schimären einer kriminell verantwortungslosen Presse zu klären.

1. Der Begriff «Kampfhund» ist auf keine bestimmte Rasse anwendbar.
2. Die einzigen Hunde, die heutigentags mit großer Mühe und mäßigem Erfolg dazu abgerichtet werden, gegen Menschen zu kämpfen, sind die den «Gebrauchshundrassen» zugehörigen. Jeder, der zum Beispiel einen Schäferhund, Rottweiler, Dobermann, Riesenschnauzer, Boxer, Bouvier, Bullmastiff besitzt, ist gerngesehener Gast auf dem – fälschlich so bezeichneten – Hundesportplatz und wird angelernt, seinem Hund beizubringen, ihm völlig fremde und zunächst ebenso gleichgültige Menschen, die noch dazu vor ihm davonlaufen, zu beißen, das heißt, mit ihnen zu kämpfen, denn der Angefallene «wehrt» sich, und von jedem guten «Gebrauchshund» wird erwartet, daß er ein paar Hiebe mit der Peitsche verträgt, ohne vom Beißen abzulassen. Allerdings hütet man sich davor, den Hunden wirklich weh zu tun, will heißen, sie zu verletzen, denn Hunde sind lernfähig: Sie würden in einem solchen Fall nie wieder einen Menschen anfallen.

Folgerichtig passieren die meisten Unfälle mit Hunden der genannten Rassen schon deshalb, weil es davon am meisten gibt. Gegen Züchter und Halter wird aber nichts unternommen, abgesehen vom schalkhaft drohenden Du-du-Zeigefinger des Gesetzgebers. Es sind eben «Diensthundrassen», Helfer der Polizei, die ja ihrerseits bekanntlich aus Freunden und Helfern

Die Kampfhundlüge

besteht, und ein Kommissar kann nicht zugleich als Gangster bezeichnet werden. Wollte man das ohnehin winzige Risiko, von einem Hund ernsthaft verletzt zu werden, verkleinern, müßte zunächst verboten werden, Hunden zu erlauben, Menschen zu beißen, wie auch immer, wo auch immer, zu welchem Zweck auch immer. Ich denke, das leuchtet jedem ein.

Sodann: Pit Bull Terrier ist keine Rassebezeichnung. Deshalb ist es eine peinliche Panne, wenn unwissende Gesetzgeber Hunde unter dieser Bezeichnung auf den Index setzen. Die Pit ist der wenige Quadratmeter große Platz, auf dem zwei Hunde gegeneinandergehetzt werden, eine sadistische Entartung menschlichen Verhaltens wie Stier- oder Hahnenkämpfe. Es werden hohe Wetten abgeschlossen und ausschließlich Terrierrassen verwendet. Vorzugsweise Staffordshire, American Staffordshire oder Blendlinge dieser Rassen. Zum Beispiel aus Bull Terriern.

Solche Kämpfe sind verboten. Beteiligte werden mit Geldstrafen belegt, die so niedrig sind, daß die Veranstalter und die Besitzer dieser Hunde sehr amüsiert sind, wenn man sie denn erwischt. Siegerprämien dagegen belaufen sich schon mal auf fünfundzwanzigtausend Mark, «erfolgreiche» Hunde werden mit dreißig- bis vierzigtausend Mark gehandelt. Diese Hunde kommen nie an die Öffentlichkeit, denn sie sind mit Narben bedeckt, die sie identifizierbar machen. Irgendeinen Hund als Pit Bull Terrier zu denunzieren ist sinnlos, weil der Nachweis nicht erbracht werden kann, wenn der Hund keine Papiere hat, wenn also seine Rasse gar nicht gesichert ist und die Bezeich-

Die Kampfhundlüge

nung Pit Bull auch gar nicht auf die Rasse abzielt, sondern auf das, wozu der Hund *benutzt* wird. Noch einmal: Sie werden solchen, auf diese widerliche Art mißbrauchten Hunden mit Sicherheit nie begegnen.

Gefahr geht von ihnen ohnehin nur für Hunde aus: Zu Hundekämpfen Mißbrauchte *müssen* extrem menschenfreundlich sein und sind es auch. Die «Richter» und Besitzer dieser armen Hunde gehen ungefährdet zwischen die Kämpfenden und trennen sie, wenn einer getötet zu werden droht, denn ein toter Hund kann nie wieder kämpfen. Wird ein «Richter» gebissen, ist der betreffende Hund disqualifiziert, sein Marktwert sinkt auf Null.

Man hat also diesen Hunden ihr Ritualverhalten, ihr Sozialverhalten Artgenossen gegenüber abgezüchtet, sie sind für jeden Hund eine Gefahr, für Menschen nicht.

Der Katalog «gefährlicher» Hunde wird von jedem Land, jeder Regierung anders aufgestellt und immer ohne Sinn und Verstand. Ich skizziere nur mal einige der genannten Rassen:

Mastino Napoletano: grundgutmütiger Riese, Fehlzüchtung, mit dem eigenen Gewicht bereits überfordert.

Dogo Argentino: schmucker weißer, doggenartiger Hund in Boxergröße, den ich nur in ganz wenigen Exemplaren auf großen Ausstellungen gesehen habe.

Tosa Inu: mittelgroßer Hund, unserem Bullmastiff ähnlich, wird nur auf der japanischen Insel Tosa für ritualisierte Hunde-Ringkämpfe gezüchtet und ausgebildet; die Hunde dürfen sich nicht verletzen, die

Die Kampfhundlüge

Die Kampfhundlüge

Ausfuhr wird durch Preise zwischen zwanzig- und dreißigtausend Mark unterbunden.

Bandog: Verwandter des Osterhasen: beide gibt es nicht.

Fila Brasileiro: starker Hund, in Südamerika zur Bewachung einsamer Anwesen benutzt, nicht unaggressiv, aber nur in wenigen Exemplaren in Deutschland und noch nie unliebsam in Erscheinung getreten.

Im Saarland steht auch der Englische Bulldog auf der Liste, ein Hund mit Seltenheitswert und größtenteils so verzüchtet, daß er sich aus Atemnot kaum auf den Beinen halten kann.

Was also ist zu tun? Gar nichts. Jeder Hundehalter muß von jeher für jede Art Schaden aufkommen, den sein Hund – oder Kind – verursacht. Hetzt jemand seinen Hund auf Menschen, so ist das ein Mordversuch und wird mit Gefängnis oder mit empfindlicher Geldstrafe geahndet. Gesetzgeberische Zwänge zu Maulkorb und Leine sind dumm und bösartig. Sie machen aus freundlichen Hunden verzweifelte Hunde, und Verzweifelte sind natürlich gefährlich.

Fünf Zahlen zum Schluß: Im Durchschnitt kommen in Deutschland pro Jahr 1,2 Menschen durch Hunde ums Leben. 1990 starben 11039 Menschen durch Verkehrsunfälle, von denen 2,1 Millionen protokolliert wurden.

Wer vieles bringt ...

Wer vieles bringt ...

Wer vieles bringt...

Wer vieles bringt, wird manchem etwas bringen

Was ein Pudel ist, wissen Sie. Und wie der aussieht. Beim Dackel sind Sie sich auch noch sicher. Bluthund? Bloodhound? Chien de Saint Hubert? So ungefähr, wie? (Es sind drei Namen für den gleichen Hund.)

Aber jetzt: Drentse Patrijshond! Wie sieht der aus? Oder der jugoslawische Karstschäferhund? Oder der Hygenhund? Der Hollandse Smoushond? Shiba Inu?

Zu schwer? O. K: Wie steht's mit dem deutschen Pinscher? Alte Rasse! – Nein?

Also, dann frage ich Sie gar nicht mehr nach dem Xoloitzcuintle, der Scholo-ietz-kwintli gesprochen wird, wie jedermann weiß.

Sie kennen diese Rassen also allesamt nicht. Na schön. Ich kenne sie auch nur von Fotos. Und ich sage Ihnen jetzt, was sich hinter den geheimnisvollen Namen verbirgt:

Der Bloodhound ist ein Basset mit *nicht* amputierten Beinen, der Drentse ein großer Münsterländer, ein Karstschäferhund sieht aus wie der polnische Owczarek, der aussieht wie ein spanischer Mastino. (Wie der aussieht, erblättern Sie sich einfach in der einschlägigen Literatur, und schon haben Sie drei für einen.)

Der Hygenhund ist eine Mischung aus Bracke und

Wer vieles bringt...

Wer vieles bringt...

Wer vieles bringt...

Beagle und sieht auch so aus. Der holländische Smoushond gleicht einem Schnauzermischling, wie er in Hollywood Karriere gemacht hat. Shiba heißt ein mittelgroßer, plüschhaariger Spitz aus Japan. Und der nicht nur von Ihnen vergessene deutsche Pinscher ist das Mittelstück zwischen Dobermann und Zwerg-(«Reh»-)pinscher. Man könnte auch sagen ein kurzhaariger Mittelschnauzer. (Widersprechen Sie bitte erst, nachdem Sie einen solchen in Augenschein genommen haben, wenn er nach dem Untertauchen im Wasser wieder an Land steigt!) Der Scholo-ietz – Sie wissen schon – dagegen stammt aus Mexiko und sieht seinem deutschen Kameraden, dem Pinscher, enorm ähnlich, hat aber keine Haare und vernünftigerweise ein Grad mehr Körpertemperatur als die Befellten.

Über vierhundert Hunderassen gibt es. Angeblich. Eher mehr. Und ich rede jetzt nur über die «amtlichen». Die mit einer F. C. I.-Nummer und Papieren mit Stempel: Geprüft und für gut befunden von der Hunde-Weltregierung: Plopp!

Was soll das? Wem nützt das? Für wen ist das gut? Tja, für wen? Wozu brauchen wir zirka sechzig Jagdhundrassen? Angesichts der weithin schwindenden Wälder und der wuchernden Städte. Wen oder was sollen sie jagen und warum? Mit den zum Teil überbordenden Wildbeständen in Mitteleuropa wird der grüngewandete Sockenfabrikant aus Wanne-Eickel schon fertig, und die natürlichen Regulierer – vom Wolf über Marder, Iltis, Bär und Dachs – sind so gut wie ausgerottet. Wozu also diese Unmengen meist hochspezialisierter Jagdhundrassen?

Wer vieles bringt...

Wer vieles bringt...

Wer vieles bringt...

Da hat man Fachidioten zum Teil über Jahrhunderte herausgezüchtet, die nun arbeitslos verkümmern.

Oder was sollen die Hütehunde hüten? Welche Ratten sollen die Pinscher «pinchen» (to pinch = kneifen)? Welche Wach- und Schutzfunktionen sollen die auf diesen Aufgabenbereich hin Gezüchteten noch übernehmen? Im Fall der Fälle werden sie doch sofort vom hohen Magistrat zu Leine und Maulkorb verurteilt. Im Wiederholungsfall zum Tode, wie im Mittelalter.

Die Wahrheit ist: Fast alle unsere Hunde sind funktionslos geworden, arbeitslose Spezialisten, die von Haß verfolgt werden wie Asoziale. Daß wir unsere Hunde mehr denn je brauchen, auch wenn wir sie kaum noch «gebrauchen», hat sich in Europa noch nicht herumgesprochen – in Amerika ist man da wie so oft weiter.

Was wir ganz sicher *nicht* brauchen, ist dieser wahnsinnige Rassenkatalog, der ein einziger Etikettenschwindel ist. Wenn man die Rassen jeweils auf ihre Ursprünge zurückführt, schnurren die aufgespleißten Fäden wieder zu einem dicken Tampen zusammen. Und was bleibt, sind Prototypen:

So ist der Cairn Terrier natürlich ein «Westie», nur eben nicht weiß, der Landseer natürlich ein Neufundländer (den es groteskerweise auch in Schwarzweiß gibt!), und beide gleichen zahlreichen großen Hütehunden, wie den polnischen, portugiesischen und spanischen Mastini. Die Belgischen Schäferhunde sind nahezu deckungsgleich mit den weitgehend unbekannten Holländern, alle Bracken stammen aus den gleichen Wurzeln, ein Welsh Terrier ist ein Lakeland – den

Wer vieles bringt...

Wer vieles bringt...

Unterschied soll mir mal einer malen –, Pinscher und Schnauzer waren bis zum Ende des 19. Jahrhunderts ein und dieselbe Rasse, beide Varianten fielen in einem Wurf. Cesky und Sealyham Terrier sind engstens verwandt, wie letztlich alle Terrier. Und der nigelnagelneue Jack Russell ist ein ganz altmodischer Fox Terrier, was sonst?

In das Geheul der Züchter hinein möchte ich feststellen, daß die Aufspaltung in zahllose angebliche Rassen den Hunden wahrlich nicht gut bekommen ist. Im Grunde ist es nämlich bei den wenigen Prototypen geblieben. Aber die Spaltung in zahllose Gruppen und Grüppchen hat aus vielen Gründen, aber auch und vor allem durch ein zu *schmales* Zuchtpotential wie ebenso durch sinnlose, nur dem Züchter nützende *Massenvermehrung*, den Hunden nicht gutgetan. Physische und psychische Defekte sind an der Tagesordnung, von denen vor hundert Jahren keiner wußte.

Ich habe mal einen Abend mit Professor Schleger, einem international anerkannten Kynologen, zusammengesessen. Wir haben überlegt, wie viele «Rassen» es wohl gäbe, wenn der Mensch darauf verzichtete, sich gottähnlich zu gebärden und Geschöpfe nach seinem krausen Sinn zu formen. Wir kamen auf fünf:

Ein Terrierartiger, ein mittelgroßer Jagdhund, ein Windhundtyp, ein Pinscher-Schnauzer-Geselle und ein etwas schwererer, doggenartiger Hund, nicht größer als der heutige Bullmastiff. Behaarung zwischen rauh und stockhaarig – im mediterranen Bereich kurzhaarig –, alle Farben, diverse, nie erhebliche Varianten. Schluß.

Wer vieles bringt...

In zehn Jahren etwa wäre es soweit: keine Riesen mehr, keine Minihunde. Wenn man Rüde und Hündin zueinander ließe, wie *sie* es sich wünschen. Und dies in Maßen. Ist das nun eine so schreckliche Vorstellung?

Denken Sie doch mal darüber nach: vierhundert Hunderassen?

Wozu?

Wer vieles bringt...

«*Setz dir Perücken auf...*»

«Setz dir Perücken auf von Millionen Locken ... du bleibst doch immer, was du bist»*

Was ist ein Standard? Nun, was das «Hundewesen» angeht: die akribische Beschreibung des Idealtyps einer Rasse, entwickelt und herausgegeben von den zuständigen Vereinen des Landes, dem die betreffende Rasse zugehört.

Dem Richter auf Ausstellungen, aber auch dem potentiellen Käufer sollen damit Richtlinien an die Hand gegeben werden. (Merke: Bei uns werden Zuchtrichter *ernannt*. Nicht ausgebildet!) Im ersten Fall etwas, wonach sich der Richter orientieren soll und muß, im zweiten eine Bewertungsmöglichkeit auch und gerade für den Laien. Der allerdings kauft mit dem Welpen immer die Katze im Sack, denn aus dem dickbäuchigen Etwas, das mit zirka acht Wochen in erster Beglükkung nach Hause getragen wird, soll ja erst der mehr oder weniger in den Standard passende Hund werden. Deshalb ist es ja doch wichtig, daß auch wenigstens ein erwachsenes Exemplar in Augenschein genommen werden kann. Im Idealfall natürlich der Erzeuger, denn die Hündin sieht am Ende der Säugezeit ziemlich ram-

---

* Goethe: «Faust», Mephisto.

poniert aus – auch bei bester Pflege –, und es gehört schon etwas Sachverstand dazu, sie sich im «Normalzustand» vorzustellen.

Außerdem gibt es recht unscheinbare Hundemütter, die mit Regelmäßigkeit nur das Äußere des Rüden weitergeben. Die Vaterkinder laufen gewissermaßen nur durch sie durch. Und hier schon ergeben sich erste Zweifel am Sinn des Standards. Er gibt eben nur das Optische wieder, kann gar nichts anderes bewirken, die genetischen Eigenschaften des betreffenden Hundes müssen verdeckt bleiben, können bei der Benotung keine Rolle spielen.

Die erwähnte Hündin zum Beispiel ist eine vorzügliche Vererberin, gebiert problemlos und ist eine optimale Mutter. Dennoch wird sie auf sogenannten Zuchtshows niemals mit «vorzüglich» bewertet werden, ihr glanzloses Äußeres verweist sie auf die hinteren Ränge. Der Standard will es so. Und der Besitzer der Hündin wird Schwierigkeiten haben, für sein minderbewertetes Tier einen erstklassigen – wenigstens erstklassig aussehenden – Rüden zu bekommen. Wieviel wertvolles Erbgut durch die Überbewertung der äußeren Form der jeweiligen Rasse verlorengeht, darüber gibt es keine Statistik, aber der Niedergang so vieler Rassen spricht eine deutliche Sprache. Was ist schon Schönheit? Wie viele glänzende Eltern haben unbedeutende Kinder und vice versa.

Ich denke da an den armen August Goethe, der an seinem überlebensgroßen Vater zugrunde ging. Oder – mit einem Riesensprung nach vorn *und* nach unten – an so manchen Nachwuchs berühmter Schauspieler.

«Setz dir Perücken auf...»

Da zieht so ein Mädchen, äußerlich der Abklatsch des hervorragenden Tyrone Power, des Helden zahlreicher Hollywood-Filme, mit einem Männchen, das wie ein Buchhalter einer Miederwarenfabrik aussieht, durch die Lande und piepst jahrelang unentwegt dasselbe Liedchen. Auf italienisch, und das Männchen singt die zweite Stimme. (Versuche, ein weiteres Lied unter die Leute zu wispern, sind kläglich gescheitert.) Man verzeihe mir diese Abschweifung...

Eine mögliche Gewähr für wertvolle Nachzucht kann der Standard also schon aus erwähnten Gründen nicht garantieren. Was kann er dann? Er kann noch weiter selektieren, so lange, bis von der betreffenden Rasse so gut wie nichts mehr übrig ist. Indem er beispielsweise die Verpaarung von Elterntieren verhindert, die der jeweiligen Rasse gut anstehen würden. Da hat zum Beispiel ein Boston Terrier, der im übrigen ohne Makel ist, das eine Auge nicht im schwarzen Fellbereich. Dies aber schreibt der Standard zwingend vor. Und – schwupp ist der schöne kleine Hund raus aus der Zucht. Bei einer Rasse mit hierzulande so geringem Potential ist dies ein großer Fehler, nicht die Fehlfarbe. «Fehlerhaft getragene» Ohren oder Schwänze, insgesamt etwas zu große oder zu kleine Exemplare – es geht da oft um Zentimeter, muß man wissen –, nicht die ideale Behaarung – «zu weich, zu fest, zu lockig, nicht lockig genug» –, alles Dinge, die nichts mit der Gesundheit, dem Wesen, nicht einmal etwas mit dem Formwert oder der «Schönheit», wie immer man die definieren will, zu tun haben.

Das Beispiel Deutsche Dogge (sie heißt außerhalb

Deutschlands überall «Great Dane», also «Großer Däne»!). Es gibt sie in fünf Farbschlägen, die untereinander meist nicht verpaart werden dürfen. Die Folgen: Da es von diesem sehr großen Hund verständlicherweise nicht allzu viele gibt – zirka tausend Welpen pro anno, insgesamt! –, führt das Verpaarungsverbot verschiedener Farben notwendigerweise zur Inzestzüchtung und schließlich zu erbarmungswürdiger Degeneration, physisch und psychisch. Zumal auch Farbfehler der Augen – «zu hell, durchdringend im Ausdruck (!), gelb, hellblau oder wasserblau oder unterschiedlich gefärbt, zu weit auseinanderliegend» – zusammen mit anderen unerheblichen Fehlern zum Zuchtausschluß führen können. Hätte der Standard nicht willkürliche Schranken gesetzt, wo es nichts zu beschränken gibt, wir hätten heute keine Doggen, die mit sechs Jahren schon vergreist sind oder tot, die überängstlich sind und mit vielerlei Knochen- und Gelenkdefekten geplagt.

Die Antipoden der Doggen, die eigentlich viel zu winzigen Chihuahuas, haben mit Sicherheit auch deswegen als Rasse Jahrtausende überlebt, weil bei ihnen alle Farben und Haarschläge zugelassen sind, also immer genügend Auswahl gewährleistet ist. Dafür stand in ihrem Standard eine Ungeheuerlichkeit: Die Scheitelfontanelle, eine Öffnung in der Schädeldecke, die sich normalerweise schließt, sobald der Kopf ausgewachsen ist, bleibt beim Chihuahua lebenslang offen. Der Standard lobt, daß diese schlimme Anomalie den Chihuahua auch in dieser Beziehung «von allen anderen Hunden unterscheidet». (In der neueren Ausgabe

«Setz dir Perücken auf . . .»

des Standards ist dieser Absatz gestrichen. Gratuliere!)

Gehen wir doch einmal nach diesen grundsätzlichen Erwägungen ein paar Standards querbeet durch, diese Fetische des modernen Hundezüchtens auf Sinn und Unsinn abklopfend. Airedale Terrier (britische Rasse). Unter «Besondere Merkmale» tönt der Standard: «Sein Wesen spiegelt sich im Augenausdruck sowie in der Ohren- und Rutenhaltung.» (Bei welchem Hund nicht?) Unter «Kopf und Schädel» heißt es: «Backen flach, das Vorgesicht soll unter den Augen gut ausgefüllt sein.» Unter «Hinterhand»: «Von hinten gesehen sollen die Läufe parallel zueinander stehen.» (Wahrlich eine Generalforderung!)

Beim Bullmastiff (Großbritannien) steht, daß helle oder gelbe Augen ein «grober Fehler» sind (und wieder ist ein schöner Vertreter dieser schönen Rasse weg vom Fenster). Dafür steht aber am Schluß: «Gesundheit und Lebhaftigkeit sind wesentlich.» Was für eine erfreuliche Binsenweisheit.

Bernhardiner (Schweiz): «Zu tief hängende Lider mit auffällig hervortretenden Tränendrüsen oder hochgeröteter, wulstiger Bindehautfalte und zu helle Augen sind verwerflich» («Verwerflich»: ein Wort, das man im Geiste auf schwyzerdütsch hört!). Die Verwerflichkeit hängt natürlich mit der «gut ausgebildeten Kehl- und Halswamme» zusammen, die die Gesichtshaut herunterzieht und zu der oben beschriebenen chronischen Bindehautentzündung führt. Solche immer von Augenschmerzen geplagten Hunde habe ich auf Shows schon oft ganz nach vorn gestellt gesehen.

«Setz dir Perücken auf...»

Dem Bloodhound (sehr britisch) sollen «die tiefliegenden Augen mit den herabhängenden Unterlidern» – Ektropium nennt das der Veterinär. Siehe Bernhardiner – und «die extrem tief angesetzten Ohren» gar «einen edlen und würdevollen Ausdruck verleihen». Entzündungen im Gehörgang – der Hund kann die überlangen, schweren Behänge nicht einmal mehr andeutungsweise heben, das heißt belüften – gehören denn auch zu den rassetypischen Krankheiten.

Beim Basset (britisch) schreibt der Standard das gleiche Dilemma zwingend vor. Er ist gewissermaßen ein Bloodhound ohne Beine. Ehe jetzt das Geschrei der Basset-Freunde losgeht: Die Chondrodystrophie ist eine Krankheit, die ein mehr oder weniger eingeschränktes Wachstum der Röhrenknochen verursacht. Diesen Defekt hat man bei allen Hunden, die für ihren Rumpf zu kurze Beine haben, herbeigezüchtet und damit verewigt. Das ist keine Meinung, sondern ein biologisches Faktum.

Wissen Sie, was ein «rustikaler» Hund ist, mit einer Nase «mehr viereckig als rund»? Nein? Nun, der Schäferhund von Brie ist es, auch Berger de Brie oder Briard genannt. Der schöne arme Hund hat außerdem häufig die sogenannten Afterkrallen an der Innenseite der Unterschenkel, manchmal sogar in doppelter Ausführung.

Die sind ein anachronistisches Überbleibsel und so notwendig wie ein Kropf. Bei allen anderen Rassen entfernt man sie gnädig in den ersten Lebenstagen, denn wenn ein Hund damit irgendwo im Gelände hän-

«Setz dir Perücken auf...»

genbleibt, gibt das fürchterliche Verletzungen, wie man sich vorstellen kann. Im Standard aber steht: «Beiderseits Afterkrallen an den Hinterläufen. Selbst sehr typische Hunde können nicht prämiert werden, wenn sie nur eine – [oder gar keine!] – Afterkralle besitzen.» Also raus aus der Zucht mit dem Kümmerling! Er hat ja keine Afterkrallen! Und wieder feiert der Unsinn fröhliche Urständ. Zur Abwechslung wird dieser Hund auch disqualifiziert, wenn er eine kupierte Rute hat. An und für sich ja löblich, obwohl sich – soweit ich weiß – abgeschnittene Schwänze nicht vererben.

Wenn aber ein Französischer Bulldog mit Afterkrallen geboren wird, dann ist seine Karriere zu Ende, bevor sie beginnen konnte: absoluter Disqualifizierungsgrund! Dafür ist er aber «wie ein Faß bereift, sehr abgerundet», denn «es ist wesentlich, für die Brustorgane einen geräumigen Platz zu finden», und deshalb hat er eine «walzenförmig herabgezogene Brust» zu haben. Wo, um Himmels willen, bleiben die «Brustorgane» bei den Windhunden? Wenn es nicht so traurig wäre, könnte man Tränen lachen.

Ich bin erst bei Buchstabe B und merke, hier ist Stoff für ein dickes Buch, voll des blühenden Unfugs.

Irgendwann muß es ja wohl angefangen haben. Irgendwann hat ein Richter einen weißen Hund angefaßt und hatte die Hände voll Kreide. Oder voll Fett. Oder mit Spray verkleistert oder mit Haarfestiger. Oder mit allem zusammen. Und dann hat dieser Richter nicht etwa den Aussteller mit ausgestrecktem Zeigefinger aus dem Ring gewiesen, sondern dem Besitzer viel-

«Setz dir Perücken auf...»

leicht ein Auge gekniffen und den Hund erfreulich benotet.

So oder so ähnlich muß es gewesen sein, und von da an hatten es die meisten langhaarigen Hunde bitter schwer. Ein Kurzhaariger sollte infolge seines guten Gesundheitszustandes glänzen, aber wenn nicht, kann ihm nicht viel mehr passieren, als daß er mit irgendwas gewissermaßen aufpoliert wird.

Dagegen die armen Yorkshire, Malteser, Löwchen, Pekinesen, Afghanen, West Highland, Fox und Airedale Terrier, die Bobtails und Bedlingtons und – allen voran – die Pudel: Was müssen diese armen Hunde ausstehen, gepeitscht vom milden bis rasenden Irrsinn ihrer Besitzer und Züchter, geduldet und prämiert von Richtern und Ausstellungsleitern.

Da wird geföhnt und gewickelt und gewirbelt, gestrählt und geschnippelt, rasiert und geschmiert und garniert. Und gelogen und betrogen.

Ein leicht überbauter Bobtail soll wohl sein. Das heißt, die Kruppe soll etwas höher sein als der Widerrist. Bei den meisten ist das aber nicht so. Also kam irgendwann irgendein Pfiffikus auf die Idee, ab Rückenmitte das lange Haarkleid nach hinten zu toupieren. Und nun sehen alle Bobtails aus wie dicke Frauchen mit hochgebundenen Röcken. Die Yorkis sind beinlos geworden und schweben nach langer Haarwickeltortur auf ihren metallblauen Vorhanghaaren einher.

Die Bedlingtons, eine sehr «griffige Rasse», macht der Friseur zu Lämmern mit Rückgratverkrümmung. Dem Bichon-Löwchen hat man die kälteempfindlichen Hinterteile kahl geschoren. Die rauhhaarigen Terrier wirken wie aus Holz geschnitzt, und den «Westis» wird ihr abhanden gekommenes «Ziegenhaar» mit Hilfe von Vaseline und Kreide wiederhergestellt. Kreidewolken auch bei den weißen Bulldogs und Bull Terriern. Als der Westhighland White Terrier explosionsartig Mode wurde, schnippelte man sein pfiffiges Gesichtchen zum «Chrysanthemenkopf» und begann, ihn zu verzwergen. Weiß der Teufel, was da heimlich, heimlich eingekreuzt wurde, von Maltesern wird gemunkelt – wäre ja auch naheliegend –, jedenfalls verlor der «Westi» aus geheimnisvollen Gründen weitgehend seine schöne harte Behaarung, die man sich nun genötigt sieht, mit dieser Ekelpackung – siehe oben – wiederherzustellen.

Von all dem Gefummel steht natürlich nichts in irgendeinem Standard. Außer beim Pudel. Der darf nur in drei Frisuren ausgestellt werden: klassische Schur, moderne Schur und der sogenannte «English Saddle Clip». Bei letzterem wird dieser kluge und freundliche Hund erbarmungslos zum Idioten frisiert, teils nackt, teils mit hochtoupierten Pompons hier und nochwo. Nierengegend, After und Genital bleiben kahl. Gerade dort braucht der Hund Wärme. Ein grauenvoller Anblick! Eine Schande für alle mit dem Hund befaßten offiziellen Gremien und Verbände! Eine Tortur, diese tagelange, stets wiederholungsbedürftige Prozedur der Herstellung dieser Buchsbaumhecke von einem Hund. Man darf seinen Pudel allerdings in jeder Form ausstellen, bekommt dann aber keine offizielle Auszeichnung, und damit ist der Hund praktisch raus

aus der Zucht. Prämiert wird hier kein Hund, sondern sein Friseur; und Besitzer, die ihren Hund nicht verdient haben.

Was also bewirkt der Standard, was kann er verhindern? Er bewirkt nichts Gutes und verhindert nichts Böses und Blödes. Denn das, was beherzigt werden sollte, weil es der Rasse guttäte, wird ignoriert. Auf das Unwichtige oder Schädliche wird penibel geachtet. Das Überflüssige, Affige, Eitle wird geduldet, wenn nicht sogar gefördert. Seltene Ausnahmen bestätigen die betrübliche Regel.

(Übrigens: beim Pudel führen Afterklauen erbarmungslos zur Disqualifikation.)

Alles klar!

Nee! Wieso?

Haufenweise Konflikte

Haufenweise Konflikte

Es ist schon eine Weile her, da wurde ich zu einem «Symposion» in Hessens Hauptstadt gebeten. Nein: nicht Frankfurt, das dachte ich auch, aber Frankfurt ist nur Hessens Wirtschaftsmetropole, Wiesbaden aber ist die Hauptstadt, denn direkt nebenan liegt Mainz, und dort hat das ZDF seinen Hauptsitz.

Ein Symposion war ursprünglich ein Trinkgelage mit Musik und Tanz sowie heiteren und ernsten Gesprächen, bei Griechen und Römern einst sehr beliebt.

Heute nennt man so eine wissenschaftliche Tagung mit Vorträgen und Diskussionen. Es ist also sehr auf den Hund gekommen, das Symposion.

Womit wir beim Thema wären. Es ging bei diesem Treffen mit Würdenträgern aus Regierung und Wirtschaft nämlich nicht um den verreckenden Straßenverkehr, ums Ozonloch oder krebserregende Gifte in Luft und Wasser, auch die Dauerbedrohung aller Menschen durch Atomkraftwerke stand nicht zur Debatte, geschweige denn die brennende Frage, warum sich Menschen grundsätzlich und ohne jeden Grund, aber an nahezu jedem Ort die Schädel einschlagen – nein, in Wiesbaden ging es ausschließlich um Scheiße. Und zwar um Hundescheiße, deren Vorkommen auf Straßen und Plätzen eine derartige Empörung bei der deutschen Bevölkerung auslöst – und das über Jahrzehnte –, daß für unwahrscheinlich, ja beleidigend gehalten werden muß, was doch wahr ist: Auch Menschen bleibt nichts anderes übrig, als das, was übrigbleibt, hinter sich zu lassen. Und allem, was da kreucht und fleucht, geht es nicht anders.

Der Mensch aber ist dem unerschütterlichen Irrtum verfallen, er sei was Besonderes, und investiert, sofern er zivilisiert in Klumpen lebt, Milliarden in die Beseitigung seiner Hinterlassenschaften, weil man ihm beigebracht hat, daß die Ergebnisse seiner lebenserhaltenden Verdauungsvorgänge etwas Obszönes sind und vertuscht werden müssen wie sein Sexualleben. Motto: Jeder tut's, aber ist das nicht furchtbar?

Hunde nun empfinden da schlichter und sind intelligent genug, sich ihrer Notwendigkeiten nicht zu schämen. Das Problem ist: Sie leben mit uns, dürfen und können aber keine Toilette benutzen, halten ihre und ihrer Menschen Heimstätten rein und tun's, wenn sie ins Freie kommen – was bleibt ihnen übrig? Sie haben gewiß nicht dazu beigetragen, «das Freie» mit Asphalt, Beton und Steinen zuzuschütten, würden gerne diskret ihren Obulus dort absetzen, wo er düngende Funktionen erfüllt, in Wald und Flur eben, aber die meisten Menschen mit Hund leben nicht mehr auf der grünen Wiese, sondern in der selbstgeschaffenen grauen Wüste.

Die Hunde scheißen drauf, und das nimmt der hundelose Teil der Menschheit übel. Wieder mal breitet sich Haß aus, der einzigen Verunreinigung wegen, die von selbst und folgenlos vergeht.

Ozonloch? Ich kenne keinen, der eins gesehen hat! –

Haufenweise Konflikte

Raucherkrebs? Denken Sie mal an Churchill! – Atomare Verstrahlung? Na, wenn die da auch so popelige AKWs bauen! Bei uns doch nicht! – Mord, Folter, Totschlag, überall auf der Welt? Die Medien übertreiben maßlos. Sogar die Bilder vom Golfkrieg sollen ja getürkt sein!

Aber Hundescheiße: Ja, das ist nun wirklich ein Skandal, man sollte alle Köter vergiften und die Besitzer dazu! Letzteres ist ein Originalton aus jener Wiesbadener Veranstaltung, nachdem ich in meinem Eingangsreferat versucht hatte, die hier aufgezeigten Prioritäten zu setzen.

Der Mensch, ein phantasiebegabtes Wesen? Doch wohl eher selten. Was ihn nicht unmittelbar am Arsch hat, kann er sich in der Regel nicht vorstellen. Siebentausend Verkehrstote pro anno lassen ihn cool, aber Hundedreck am Schuh, da kommt die gelbe Wut auf.

Ich beendete mein von allerlei Mißfallens- und Beifallsäußerungen begleitetes Referat mit dem Hinweis auf praktikable Methoden der Straßenkotbeseitigung in europäischen Nachbarländern, wo zum Beispiel städtische Motorradfahrer mit staubsaugerartigen Geräten erfolgreich hantieren, wies auf die beträchtlichen Einnahmen aus der Hundesteuer hin, die solches auch bei uns ermöglichen würden, und verzichtete auch nicht auf einen Ausfall gegen die Futtermittelindustrie: Weniger sinnlose Ballaststoffe in der Büchsenfertignahrung würden die anfallende Menge der Anrüchigkeiten gewaltig reduzieren.

Und nahm Platz, im Bewußtsein, nichts erreicht zu haben. (Stimme aus dem Publikum: «Alles schön und

Haufenweise Konflikte

gut, aber sind Sie schon mal so richtig in einen Haufen getreten? Womöglich mit *neuen Schuhen*?»)

Jetzt aber schlug die große Stunde für einige Herren, die schon vor Aufregung transpirierten. Sie sollten ihre selbstkonstruierten Kotbeseitigungsgeräte einem äußerst interessierten Publikum vorführen und taten das mit verbissenem Eifer. («Paß auf, Mutti, wenn ich heute nach Hause komme und den Auftrag für die Serienherstellung von meinem ‹Kackiweg› in der Tasche habe, dann sind wir Millionäre.»)

Die Methoden waren mehr oder weniger abenteuerlich und kaum zumutbar. Bei einer Konstruktion mußte man sekundenlang auf einem Bein stehen, weil das Hantieren zwei Hände *und* einen Fuß in Aktion setzte. Mehr was für Leistungssportler.

Demonstriert wurde mit Plastikhaufen aus der Scherzartikelbranche, und die landeten dann auch nach mehr oder weniger großer Mühewaltung in den grundsätzlich dafür vorgesehenen Plastiktüten. Aufatmend traten die Bewerber zurück und warteten auf den Millionenauftrag der Regierung.

Aber ich ergriff noch einmal das Wort und fragte, ob sich denn alle Anwesenden darüber im klaren seien, daß jedes dieser Geräte aus jeweils tausend – vergänglichen – Hundehaufen tausend nahezu unvergängliche Plastikpakete, mit Scheiße gefüllt, herstellen würde.

In der folgenden Wortlosigkeit spürte ich, wie die Haßwellen der Kotologen mich umbrandeten. Ich kann mir nicht helfen, aber was wahr ist, könnte doch auch mal wahr bleiben!

Haufenweise Konflikte

Also, Leute: Versucht doch mal, euch auf das Wesentliche zu besinnen! Und sollte einer bei dem Versuch unversehens ins Malheur treten: kein Grund zum Verzagen! Die Sache mit den Hundehaufen hat, wer wollte das leugnen, etwas Unerfreuliches, ja Ekliges. Doch ebenso unleugbar hat sie auch etwas Erfreuliches: Scheiße ist wasserlöslich! Auch beim Schuheputzen.

Nachrichten aus dem Neandertal

Nachrichten aus dem Neandertal

Durch den unendlichen Dschungel, der die Bundesrepublik nahezu lückenlos bedeckt, ziehen unerschrockene Tinneffabrikanten aus Gablonz, Miederwarenhersteller und Schnapsfabrikanten – über dreihunderttausend an der Zahl allein in den alten Bundesländern –, um die verstörte Bevölkerung vor Bär und Wolf, Tiger und Panther zu schützen. Die Gefahr ist groß: Der größte Teil unserer Heimat besteht aus Jagdgebiet, und wer sollte die übrigen zirka fünfzig Millionen Nichtbefugten schützen, wenn nicht die Jäger?

Unsere Hobbymörderchen, Schlagetots und Niedermacher: alle Mitglieder einer Zunft, die es sich etwas kosten läßt, Blut fließen lassen zu dürfen (zwanzigtausend Mark per annum ist das mindeste).

Und eine Verschleierungssprache müssen sie auch alle lernen. Da wird Blut zu «Schweiß», der tödlich getroffene Hase schlägt «Kobolz», die aufgereihten Leichen sind «die Strecke», vor der munter ins Horn geblasen wird, und durch das Herausnehmen der Gedärme wird das Tier «versorgt».

Bundespräsident Theodor Heuss – das waren noch Zeiten – bezeichnete die Jägerei als eine Form menschlicher Geisteskrankheit. Und in der Tat: Wie sieht es in einem Menschen aus, der als *Hobby* sich nicht aufs

Briefmarkensammeln verlegt oder aufs Tischlern, sondern den Entschluß faßt, künftig freilebende Tiere totzuschießen, grün gewandet und in wärmenden Spezialunterhosen?

Damit es jederzeit genug umzubringen gibt, wird das Wild ganzjährig gefüttert und an den Futterstellen erschossen. Die Lustmeuchler leugnen natürlich, aber solche Fälle sind aktenkundig, und die durch Wildüberpopulation zerstörten Wälder entlarven den oft zitierten Begriff «Hege» als erbärmliche Schutzbehauptung.

Gute und böse Tiere werden von Jägern energisch und mit Waffengewalt getrennt. Gut sind die zu tötenden Opfer, böse diejenigen, die, im Gegensatz zu den Spaßtötern, töten *müssen*, um zu leben: Bussard und Dachs, Fuchs und Marder sind «Raubzeug».

Gut sind die Hunde der Jäger, scharfgemacht häufig an lebenden Katzen, denen der Fluchtweg versperrt wird. Böse die Hunde von Nichtjägern, die totzuschießen sind (die Hunde!). Selbstverständlich. Denn das Wild fürchtet sich nur vor den Nichtjagdhunden, gleich welcher Rasse, die armen «jagdlich geführten» Roboterhunde sind dem Hasen lieb und vertraut: Sie sind ja nur dazu da, ihn zu ihrem Mörder zu transportieren, wenn er schon tot ist. Über sechzig verschiedene Jagdhundrassen stehen dem edlen Waidmann dafür zur Verfügung.

Auf die Spaziergänger selbst darf nur in Einzelfällen geschossen werden, nämlich dann, wenn einer das gleiche tut wie der «Jagdherr»: Tiere totschießen. Eine bedauerliche Einschränkung der Jagdfreiheit.

Aber, den Helfer und hündischen Jagdgenossen neben sich, auf die Hunde der sinnlos im Wald herumtappenden Erholungssuchenden zu ballern ist ja auch schon ganz schön.

Fernziel: Der Zugang zu Wald und Flur, zu Wiesen und Tälern wird ganzjährig für Nichtjäger gesperrt. Das würde endlich klare Verhältnisse schaffen, und Hunderttausende fänden Arbeit und Brot. In der Stacheldrahtherstellung. Halali.

Zuneigung unerwünscht

Zuneigung unerwünscht

Ich habe lange in Berlin, in einem ruhigen Vorort, gewohnt. Damals hatte ich einen Riesenschnauzer und begegnete auf Spaziergängen immer wieder einer alten, agilen, kleinen Dame, die mit drei grauen Zwergschnauzern unterwegs war, die unzweifelhaft eine Familie waren: ein bärbeißiger älterer Herr mit Frau und Tochter. Die Eltern im letzten Drittel ihres Lebens, das bei Zwergschnauzern hoch zu veranschlagen ist, das Töchterchen sozusagen in der Blüte ihrer Jahre, also vielleicht sechs. Die drei erfüllten ihre Rollen auf eine rührende und belustigende Weise: Der Zwergenvater trat jeder vermeintlichen – und ich bin sicher, auch jeder tatsächlichen – Gefahr unerschrocken entgegen. Zum Beispiel meinem Riesen, der die drei vergnügt in Augenschein nahm und die prophylaktischen Abwehrattacken des Familienoberzwerges etwas verlegen abzuwiegeln versuchte. Mama Zwerg hielt sich direkt an ihren Männe, und die wirklich sehr hübsche Tochter riskierte ein Auge auf den freundlichen Riesen, der nicht so recht wußte, was er mit der Minieroberung anfangen sollte.

Natürlich kam ich mit der Besitzerin der Kleinfamilie ins Gespräch, und sie erzählte mir, daß sie jahrzehntelang Zwergschnauzer gezüchtet und die Absicht hatte, mit der letzten ihr verbliebenen

Zuneigung unerwünscht

Hündin noch einmal einen Wurf zu wagen. Danach wollte sie die Zucht aus Altersgründen aufgeben. Sie war ganz sicher eine verantwortungsvolle Züchterin und fuhr während drei aufeinanderfolgender Hitzen zu Rüden, die aufgrund ihrer Vorfahren gut zu passen schienen.

Die kleine Hündin, die schon zweimal einen gesunden Wurf geboren und aufgezogen hatte, lehnte aber jeden vorgeschlagenen Freier so entschieden und heftig ab, daß die alte Dame ihren Plan aufgab und ein halbes Jahr später anfragte, ob sie bei einer Freundin und Schnauzer-Clubkameradin ein paar Tage Urlaub machen könne. Die lud sie herzlich ein, meldete aber Bedenken an, als sie hörte, daß die kleine Hündin gerade wieder in der Hochhitze war, denn sie besaß einen Zwergrüden.

Natürlich lachte die Besucherin in spe – es war wohl ein etwas enttäuschtes Lachen – und erzählte von ihren jahrelangen vergeblichen Versuchen, der Hündin noch einmal einen Rüden zuzuführen. «Ich habe ihr gesagt», so erzählte sie jetzt mir, «meine Anusch möchte keine Kinder mehr und daß ich das natürlich respektiere. Was soll ich Ihnen sagen: Meine Freundin macht die Tür auf, die beiden Hunde begrüßen sich ebenfalls, laufen ins Wohnzimmer voraus, und als wir beiden Frauen eine Minute später nachkamen, waren sie schon zusammen. Aus dieser heißen Liebe» – das waren die Worte der alten Dame – «kam ein einziger Welpe, ein Mädchen, wunderhübsch, und ich mochte sie nicht hergeben. Ein Jahr später war meine Freundin in großer Bedrängnis. Sie mußte für längere Zeit ins Kran-

Zuneigung unerwünscht

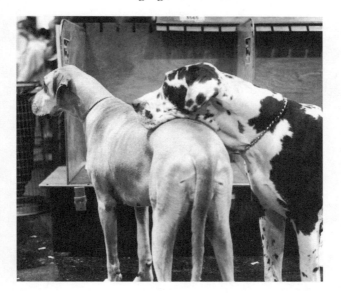

Zuneigung unerwünscht

kenhaus und fragte mich, ob ich den Rüden vorübergehend aufnehmen könnte. Nun ja», die alte Dame deutete auf die drei Hündchen, die jetzt ganz gelöst mit meinem Großen spielten, «Sie sehen ja, aus dem ‹vorübergehend› wurde etwas sehr Dauerhaftes: Die drei verstanden sich so gut, daß meine Freundin, wieder zu Hause, es nicht über sich brachte, dieses Idyll zu zerstören. Sie fuhr ohne ihren Rüden wieder ab, und das ist ihr nicht leichtgefallen. Aber sie war wie ich der Meinung, daß wir Menschen so vernünftige Wünsche unserer Hunde wie den, als kleine Familie zusammenzubleiben, daß wir so etwas wie Liebe respektieren sollten.»

Mich hat diese Geschichte damals schon sehr nachdenklich gemacht, und wie Sie sehen, habe ich sie nicht vergessen und häufiger erzählt, wenn züchterische Entscheidungen getroffen werden sollten, die offensichtlich den Wünschen der beiden Beteiligten nicht entsprachen. Gewiß: In den meisten Fällen wird eine Hündin in den entsprechenden Tagen den ihr zugedachten Rüden akzeptieren. Aber ganz gewiß nicht immer. Es gibt auch bei unseren Hunden ausgeprägte Vorlieben und Abneigungen: Besagter Riesenschnauzer geriet sein Leben lang nur bei dicklichen Hündinnen unbestimmter Rasse wirklich in Wallung, andere Hündinnen waren ihm – heiß oder nicht – schnuppe, und mein Mops, der mich fünfzehn Jahre meines Lebens begleitet hat, schwärmte ausschließlich für Riesendamen à la Greyhound oder Bernhardiner. Anderen machte er gerne den Hof, spielte reizend mit ihnen. Kopulieren wollte er nur mit Übergrößen.

Die Frage ist nun: Wie gehen wir Menschen von der Sorte Hundehalter und überzeugte Hundefreunde mit solchen sonderbaren Emotionen um? Ich fürchte (ich weiß!): einigermaßen brutal. Die Reise zum Rüden hat stattgefunden, Kosten sind entstanden, Zeit wurde aufgewendet – und jetzt will der auf dem Papier doch so passende Rüde nicht, «steht» die Hündin nicht für den paarungsbereiten Rüden. Nun, da wird eben nachgeholfen: dem Rüden das Ejakulat «entnommen», der verstörten Hündin eingeführt und basta, das woll'n wir doch mal sehn!

Wo, bitte, läßt man den füreinander vorgesehenen Partnern genügend Zeit – vielleicht sogar ein paar Tage –, sich kennenzulernen und ungestört ihre bezaubernd anzusehenden Werbungsvorspiele ablaufen zu lassen, wie das bei freilebenden höherentwickelten Tieren generell üblich ist?

Natürlich werden jetzt Züchter wieder beteuern, daß es bei ihnen gerade so gehandhabt wird, wie zuletzt geschildert. Das freut mich dann natürlich. Und natürlich, oder sagen wir: wahrscheinlich wird mir wieder mal mitgeteilt, wie ahnungslos ich bin und daß ich von notwendigen züchterischen Verhaltensweisen nichts verstehe. Stimmt genau. Ich verstehe nichts von Vergewaltigen und möchte auch in dem Punkt nichts dazulernen. Ich glaube aber «an so etwas wie Liebe» (Zitat der kleinen alten Dame). Auch bei unseren Hunden, deren erstaunliche Fähigkeiten und deren Sensibilität doch immer wieder und tausendfach in Filmen und Büchern ihren Niederschlag finden.

Nur beim Heikelsten, bei der zentralsten aller Emotionen, da haben sie Order zu parieren, oder wie? Mal nachdenken.

Trittbrettfahrer

Über Jahrhunderte war es sehr einfach, einen unliebsamen Nachbarn loszuwerden: Man brauchte keine Beweise, es genügte, wenn der eine schwarze Katze hatte oder auffallend glücklich beim Abschluß seiner Geschäfte war. Ein Wink an die allgegenwärtigen Schergen der päpstlichen Inquisition – eine Art Rote Khmer der damaligen katholischen Kirche –, und weg war er: gefoltert, gerädert, ersäuft, verbrannt.

Unter so schwachsinnigen Anklagen, die Betreffende habe Geschlechtsverkehr mit dem Teufel gehabt, wurden Hunderttausende von Frauen im damals noch schwach besiedelten Europa als Hexen diffamiert und in Schauprozessen zum Tode verurteilt.

Wer in so einem Fall nicht über beste Beziehungen zu den Allmächtigen der Kirche verfügte, der war erledigt, sein Hab und Gut fraß die Kirche. (Die sich übrigens meines Wissens von den damaligen Ungeheuerlichkeiten niemals distanziert hat. Bis auf den heutigen Tag.)

Bosheit und Gewissenlosigkeit feierten jedenfalls bis ins 18. Jahrhundert hinein Triumphe, Unzählige konnten nicht widerstehen, auf diese Art unliebsame, unschuldige «Mitmenschen» ins Verderben zu stürzen: Trittbrettfahrer auf dem Todeswagen der Mächtigen.

Trittbrettfahrer

So etwas hat es in zahllosen Varianten vorher und nachher immer wieder gegeben, unter wechselnden politischen Verhältnissen.

Der deutsche Beamte hat keinen guten Ruf (mehr). Und daran hat er mit ungewohntem Fleiß gearbeitet. Er gilt als reaktionär, uneinsichtig, faul und überheblich. Aber was sich diese Sesselpuper in den Leitstellen der Städte, Gemeinden und Länder mit ihren «Kampfhundverordnungen» abgekniffen haben, übertrifft einiges. Schon deshalb, weil es Kundige auf diesem Gebiet gibt, die nicht gefragt wurden und deren Ratschläge dabei und danach nicht beachtet wurden. Die Wahrheit über «gefährliche Hunde» lag ja zutage, jederzeit abrufbar, untermauert mit Fakten und Zahlen, wurde aber von den entsprechenden Ignoranten in den entsprechenden Gremien ohne Skrupel ignoriert.

Und schon waren sie wieder da, die Trittbrettfahrer der Obrigkeit, schon mehren sich die Fälle, wo Mißgünstige und Bösartige ihre Chance sehen, jemandem eins auszuwischen, an den sie sonst nicht herankämen.

Ich schildere im folgenden zwei derartige Fälle, die sich der «Kampfhundlüge» bedient haben.

Bettina Sch. und ihr Mann haben seit eineinhalb Jahren die eine Hälfte eines Doppelhauses in einer gutbürgerlichen Gegend Hamburgs gemietet. Hundertdreißig Quadratmeter zu dem horrenden Preis von dreitausendfünfhundert Mark *Kaltmiete*. Der Vertrag wurde geschlossen, als das Haus noch im Rohbau war, die Besitzer zogen in die andere Hälfte. Anfangs be-

Trittbrettfahrer

standen gutnachbarliche Verhältnisse, auch als sich Familie Sch. einen Bull Terrier anschaffte und nach ein paar Monaten einen zweiten: «Gordon» ist jetzt ein Jahr, «Hydra», die Hündin, gerade mal fünf Monate. Auch als Familie Sch. schwere Baumängel feststellte und die Primitivausstattung des Hauses bemängelte, die in keinem Verhältnis zur Miete stand, blieben die Besitzer und Nachbarn gelassen, ermutigten Familie Sch. sogar, auf dreißig Prozent Mietminderung zu klagen, denn sie waren der Meinung, der Bauträger müsse Schadenersatz leisten. Erst als sich herausstellte, daß die gesetzliche Frist für Reklamationen verstrichen war und der Besitzer selbst würde haften beziehungsweise eine Mietminderung in Kauf nehmen müssen, wurden die Besitzer schlagartig gemein: Frau Dr. S. und ihr Mann, die bis dahin die beiden jungen Hunde nicht nur geduldet, sondern in engem Kontakt mit ihnen gelebt hatten – Frau Dr. S. war schon mal mit ihnen spazierengegangen und hatte im Austausch ihren anderthalbjährigen Sohn der Obhut der Familie Sch. anvertraut, die zwei Kinder hat: heute fünf- und vierjährig. Jetzt aber, als die Hausbesitzer S. mit berechtigten Regreßansprüchen rechnen mußten, jetzt witterten sie ihre Chance, die unliebsam gewordenen Nachbarn loszuwerden. Die lieben freundlichen Nachbarshunde standen ja auf der Hamburger «Kampfhundliste»! Also: Anzeige beim Ordnungsamt, die Hunde liefen zeitweise unangeleint. Frau Sch. bekam Order, die Hunde nur noch an der Leine zu führen. Zweite Anzeige: Die Hunde liefen im Garten (800 qm) unangeleint. Frau Dr. S. fühle sich (urplötzlich) bedroht.

Dritte Anzeige: Der Rüde hätte sie bedroht, Frau Dr. S. hätte sich gerade noch ins Auto retten können. Das Ordnungsamt wiegelt genervt ab. Vierte Anzeige: Frau Dr. S. verlangt, Sie lesen richtig, daß die Hunde von der Haustür bis zur Grundstückspforte mit Maulkorb in einem tragbaren verschlossenen Behälter zu transportieren seien. Das Ordnungsamt entspricht dem nicht, da in keiner Verordnung vorgesehen. Übrigens hat Frau Sch. die offizielle Erlaubnis für die Haltung ihrer «Kampfhunde». Nächste Anzeige: Ein Hund der Frau Sch. sei wieder ohne Leine im Garten gelaufen. Foto anbei. Pech gehabt: Es war der Hund des Gärtners, der ihn nichtsahnend mitgebracht hatte: Die drei Hunde hatten immer so nett miteinander gespielt.

Ich weiß nicht, ob die nächste Anzeige schon unterwegs ist. Ich habe Frau Sch. geraten, sich einen anständigen Anwalt zu nehmen, den pathologischen Anschuldigungen mit einer Verleumdungsklage zu begegnen und im übrigen die Flucht zu ergreifen und sich für das viele Geld eine normale Heimstätte für ihre Familie zu mieten. Wie gut, daß die Zeiten der Inquisition vorbei sind. Ich bin sicher, Frau Dr. S. hätte Frau Sch. mitsamt ihren Hunden flugs auf den Scheiterhaufen gebracht (denn auch Tieren wurde der hochnotpeinliche Prozeß gemacht).

Im nächsten Beispiel berichte ich über einen Fall, den ich der Tagespresse entnommen habe. Sie dürfen dann gerne mitentscheiden, ob zwischen den Zeilen nicht eine ganz andere Geschichte zu entdecken ist: die Geschichte eines nicht weniger miesen Falls von Trittbrettfahrerei.

Sprichwörtern und Redewendungen gegenüber ist Mißtrauen angebracht, und Traditionen müssen überprüft werden. In Niedersachsen sagt jeder zweite, wenn man ihn auf irgendeine unsinnige Handlungsweise anspricht: «Dat hefft wi all jümmer so makt» (das haben wir immer so gemacht) – und geht, beispielsweise, mit der Giftspritze auf seinen Garten los.

Festgefahrene Ansichten sind kaum zu entkräften, weil sie vorgefaßt sind. Das kann man in jeder Talkshow beobachten: Keiner beginnt das Gespräch als Saulus und geht als Paulus nach Hause. Darum sind diese Veranstaltungen auch alle so langweilig.

Und darum haben wir es mit dieser Haßwelle auf unsere braven Hunde zu tun: Jahrelange infame Hetze der Medien hat auch den leersten Kopf mit Schauergeschichten gefüllt. Und weil manche dieser Köpfe auf Amtspersonen sitzen, ergingen prompt Verordnungen, die weder Vernunft noch Sachkenntnis erkennen ließen und – lassen.

Aber man kann sich dieser amtlich manifestierten Dummheit nun bedienen: Gegen die beruflichen Erfolge der Nachbarn, die sich unter anderem in einem luxuriösen Swimmingpool zeigen, läßt sich schwerlich etwas tun. Aber man kann sagen, daß man sich vor deren großem Hund fürchtet. Es tut nichts zur Sache, daß der Hund grundgutmütig ist. Niemand kümmert sich darum, wovor sich einer sonst noch – und oft mit allem Recht – fürchtet. Aber jeder hat das Recht, sich vor keinerlei Hund fürchten zu müssen. Da gibt es

Sanktionen. Wir leben schließlich in einem Rechtsstaat. Bitte: Was ich hier sage, ist keine dichterische Freiheit, es handelt sich um Tatsachen, entsprechende Urteile liegen vor.

Und wenn der Hund *nicht* groß ist, dann bellt er vielleicht. Zu oft, zu laut, zum falschen Zeitpunkt. Es gibt ein richterliches Urteil, das festlegt, *wann* ein Hund, der in die Mühlen des Gesetzes fiel, zu bellen hat, und vor allem: wann nicht. Die Behörden gehen im allgemeinen jeder Anzeige gegen Hundebesitzer nach, auch dann, wenn deren Unsinnigkeit oder Unangemessenheit auf der Hand liegt. Der Zug namens Hundehaß ist abgefahren, und man schwingt sich allenthalben aufs Trittbrett.

Hier nun also die Geschichte aus einer Hamburger Tageszeitung:

Eine Frau ruft die Polizei an. Der Hund ihrer Tochter, die zur Zeit verreist ist, habe sie und ihren halbwüchsigen Sohn angegriffen. In höchster Not hätten sich beide in ihre Zimmer retten können, die Bestie lasse sie aber nicht aus der Wohnung. Es rollen an: die Feuerwehr mit großer Leiter – das Drama findet im vierten Stock statt, die Zimmerfenster der Belagerten gehen gottlob auf die Straße hinaus –, ein Polizeiwagen mit vier Mann Besatzung und Maschinenpistolen; der Wagen mit dem Amtstierarzt.

Unter dem Jubel der Schaulustigen werden Mutter und Sohn in einer aufsehenerregenden und komplizierten Rettungsaktion dem Leben wiedergegeben. Beide sind unverletzt, sind offenbar in letzter Sekunde dem rasenden Hund entkommen, der sich nun zähnefletschend im Flur der Wohnung befindet. Die Frau ersucht den Diensthabenden dringend, den Hund – wir erinnern uns: der gehört der verreisten Tochter – sofort zu erschießen. Der Polizist hat selbst einen Hund daheim und sagt kurz und knapp: «Hier wird nicht rumgeballert.» Weder die Frau noch ihr halbstarker Sohn haben irgendeine Schramme vorzuweisen, wo doch der Hund «ganz plötzlich» und ohne jede Veranlassung auf beide losgegangen sein soll? Auch Polizisten haben ihre Köpfe nicht nur, um die Mütze draufzustülpen.

Jetzt hängt sich die Frau an den Amtsveterinär. Der Hund muß getötet werden, sie hat ja sonst keine ruhige Stunde mehr. Der Tierarzt sagt: «Das machen wir anders», läßt sich die Wohnungsschlüssel geben und marschiert die Treppen hoch, eskortiert von zwei Schwerbewaffneten, versteht sich. Der Tierarzt ist mit einer Hundeleine bewaffnet. Man lauscht an der Tür, spricht den Höllenhund mit Namen an: nichts. Der Arzt schließt die Tür auf und sagt – ich zitiere wörtlich –: «Komm, Butzi, wir gehen jetzt.» Der Hund taucht schweifwedelnd aus dem Dunkel des Wohnungsflurs auf, läßt sich an die Leine nehmen und marschiert vergnügt mit dem famosen Doktor die Treppe hinunter, begrüßt vom erneuten Jubel der Menge. Hund kommt ins Tierheim, Menge zerstreut sich, Frau und Sohn kehren in ihre monsterfreie Wohnung zurück. – Tja.

Ich habe in den folgenden Ausgaben der Zeitung nach einer Fortsetzung der Geschichte geforscht: vergeblich, kann also nur über die Fakten nachdenken und komme zu keinem anderen Ergebnis als diesem:

Trittbrettfahrer

Erstens und vor allem: Der Hund hat Schwein gehabt und nicht zu knapp. Ein angemessen reagierender Polizist ist leider keine Selbstverständlichkeit, dafür gibt es zahllose Beispiele. Und ein beherzter, kundiger Amtstierarzt noch viel weniger. Erstklassige Absolventen des Studiums der Tiermedizin machen erst ihren Doktor und dann eine Praxis für kleine Haustiere auf. Da muß man zwar am meisten wissen und können, hat aber mit Sicherheit sein erstklassiges Auskommen mit dem Einkommen.

Zweitens: Die Frau hat zweifellos gelogen und auch ihren Sohn dazu veranlaßt. Ein plötzlich und unvermutet angreifender Hund hinterläßt Spuren, *ehe* man ihn aussperren kann. Aus dem Vorgegebenen zu erschließen ist folgendes: Frau X, nennen wir sie mal so, kann den Hund ihrer Tochter nicht ausstehen. Vielleicht kann sie auch die Tochter nicht ausstehen, so was soll's ja geben, will oder muß aber aus irgendwelchen Gründen die Wohnung mit ihr teilen. Anzunehmen, daß die Tochter eine eher ambivalente Einstellung zu ihrem Hund hatte, sonst hätte sie merken müssen, daß die Mutter das Tier nicht leiden kann, und sie hätte den Hund der Guten nicht überlassen – nicht überlassen *dürfen*, so weit möchte ich schon gehen. Denn offensichtlich hat Frau X eine Chance gewittert, den Ungeliebten auf diese widerliche Art loszuwerden. Möge sie an den Kosten dieser grotesken Inszenierung zahlen bis ans Ende ihrer Tage! Habe ich vergessen zu erwähnen, daß «Butzi» ein Bull Terrier ist? Na, was dachten Sie denn!

Trittbrettfahrer

Ähnliche Fälle, auch wenn der Verlauf weniger dramatisch ist, passieren jeden Tag und überall in diesem Land, das den offensichtlich unzerstörbaren Ruf hat, extrem hundefreundlich zu sein. Unsinn! Hunde sind nur noch gelitten. Selten wohlgelitten. Nirgendwo willkommen: nicht in der Stadt – zuviel Schmutz, zuviel Verkehrsgefährdung –, nicht in der wie auch immer gearteten freien Natur – Gefahr für den in Wahrheit überbordenden Rotwildbestand, Tollwutgefahr, Gefahr für Fuchs, Hase, Igel, Dachs und Katz und Maus und Ameise.

Haben Sie sich schon mal überlegt, liebe Hundefreunde, daß Sie nicht allein sind? Viele Millionen Steuerzahler und Wähler haben auch einen Hund, und eine zunehmende Anzahl von Hundebesitzern hat zunehmende Schwierigkeiten. Wie wär's denn mit einem Versuch in Solidarität? «Verein für artgerechte Haltung von Hunden» oder: «Verein zur Rehabilitierung des Hundes».

Das sollte man sich ruhig mal vorstellen: Schon bei zwei Millionen Mitgliedern, also der knappen Hälfte der Hundebesitzer in Deutschland, kämen die dummdreisten Verordner ins Grübeln. Und eine Verweigerung der Hundesteuer – Verfolgte zahlen keine Steuern – brächte so manchen Fiskus ins Schwitzen. Aber, wie gesagt: einig müßte man sich sein. Und nicht nur den eigenen Hund lieben.

Nebenbei: Wie gefällt Ihnen denn der neue Hund Ihrer Nachbarn?

Zu groß, zu klein

Zu groß, zu klein

Wenn man ein Gebäude, ein Schiff oder einen Kraftwagen vergrößern will, egal um wieviel, dann müssen die tragenden Elemente entsprechend verstärkt werden.

«Entsprechend» bedeutet nicht, daß etwa ein vierstöckiges Haus doppelt so stark gestützt werden muß wie ein zweistöckiges. Die notwendigen Verstärkungen werden nach einem komplizierten System errechnet, und deshalb schreibt die Baubehörde für jedes Bauwerk vor, daß ein Statiker von Amts wegen die Berechnungen des Architekten überprüft und gegebenenfalls korrigiert. Die Balance zwischen dem notwendigen Gewicht eines Flugzeuges zum Beispiel und seiner Flugfähigkeit zu halten ist hochqualifizierten Spezialisten vorbehalten, und auch die raffiniertesten Methoden ändern nichts an der Tatsache, daß eine Passagiermaschine bei weitem nicht so manövrierfähig ist wie ein Sportflugzeug, ein PKW leichter zu bewegen als ein LKW von zehn Tonnen, ein Sportboot fast auf der Stelle die Richtung ändern kann, während eines der riesigen Frachtschiffe nach dem Kommando «alle Maschinen volle Kraft zurück» einen Bremsweg von mehreren Kilometern hat, wenn es mit voller Leistung nach vorn getrieben wurde.

Diese Gesetze der Physik gelten auch für alle Lebe-

Zu groß, zu klein

wesen. Grob gesagt: Je schwerer ein Tier ist, desto schwächer ist es in der Relation zu den leichteren. Und jetzt sind wir schon ganz nahe beim Thema: Ein Elefant ist in Relation zu seinem Gewicht ein Schwächling, verglichen beispielsweise mit einer Katze, die bekanntlich Stürze aus mehr als zehn Meter Höhe überlebt, aus dem Stand meterhoch in die Luft springen kann und ebenso weit nach vorn. Wenn ein Elefant in seinem Zoogehege in den umgebenden Graben stürzt, kaum zwei Meter tief, verletzt er sich in der Regel schwer und kann den Grabenrand auch dann nicht aus eigener Kraft erklimmen, wenn er unverletzt blieb. Er ist nicht fähig, auch nur den kleinsten Sprung auszuführen.

Nun, ein Elefant muß auch nicht springen oder mit hoher Geschwindigkeit laufen: Als reiner Pflanzenfresser, der seiner enormen Größe wegen keine natürlichen Feinde hat, hat er seit Jahrmillionen bestens überlebt. Als Beutegreifer aber müßte er elend verhungern.

Hunde jedoch sind anatomisch und biologisch immer noch Raubcaniden, das heißt, sie müssen so konstruiert sein, daß sie ihre Beutetiere verfolgen, im Spurt erreichen und töten können. Und auch wenn der Hund unserer Tage das nicht mehr tun muß, ist er nur dann gesund und lebensfähig, wenn seine Anatomie diesem ehemaligen Natur-Standard entspricht.

Leider kümmern sich unsere erfolgs- und geldgierigen Züchter den Teufel darum. Weil es nämlich genügend törichte, versnobte und ignorante Käufer gibt, denen die Lebensfähigkeit und damit die Lebensfreude

Zu groß, zu klein

Zu groß, zu klein

ihrer bevorzugten Rasse ebenfalls gleichgültig ist. Sie wünschen lediglich einen Hund, der nicht so aussieht wie der Hund des Nachbarn, des Konkurrenten, des Kontrahenten. Und der «Markt» liefert.

So kann man Hunde kaufen, die nur ein Pfund wiegen, und solche, die einhundertzehn Kilo auf die Waage bringen, oder Hunde, die nur fünfundvierzig Zentimeter hoch sind, aber ebensoviel Kilo wiegen. Hunde, deren Ohren auf der Erde schleifen, die keine Haare haben oder winzige Stummel statt der Beine.

Leider sind unsere Hunde genetisch nahezu uferlos mutierbar, man kann ihnen mit der geisteskranken Infamie eines Dr. Mabuse nahezu alles an- und abzüchten, sie zu seltsamen und traurigen Zombies denaturieren.

Diese perverse Möglichkeit wurde nicht immer genutzt. Nicht, weil die Menschen früherer Generationen gütiger gewesen sind, nein: Bis in die Anfänge dieses Jahrhunderts wurden Hunde ausschließlich danach beurteilt, was sie in ihrem jeweiligen «Beruf» zu leisten imstande waren. Als Jagdgehilfen also, als Hüter und Treiber von Viehherden, als Bewacher von Haus und Hof, als Wegbegleiter für Reiter und Kutschen, als Fänger und Vertilger von Mäusen und Ratten (in gleichwertiger Konkurrenz zur Katze). Für alle diese Zwecke, die ihnen körperliche Hochleistung abverlangten, mußten sie vor allem gesund sein.

Seitdem fast alle Hunde, jedenfalls in Mitteleuropa, keine «Leistung» im körperlichen Sinne mehr erbringen müssen, gibt es das monströse Erscheinungsbild der Hunde.

Zu groß, zu klein

Wenn man in Büchern blättert, die sich mit Hunderassen befassen, kann man feststellen, daß es fast alle heutigen Rassen auch in den ersten Jahren des neunzehnten Jahrhunderts schon gab, aber nicht in der heutigen extremen Form. Derartige Auswüchse hätten sich von selbst erledigt. Die Hunde wären nicht mehr in der Lage gewesen, ihren jeweiligen «Beruf» auszuüben. Und das hätten sie nicht überlebt.

Man kann mit einem Fünf-PS-Motörchen einen Zwanzig-Tonnen-Lastzug eine Steigung von dreißig Grad hochziehen. Das ist nur eine Frage der Übersetzung des Antriebs: In diesem extremen Fall würde es vielleicht eine Stunde oder länger dauern, bis dieser Truck einen Meter weitergekommen wäre, aber möglich wär's, denn in dem Fall ginge es um Physik pur.

Alle Lebewesen sind natürlich auch physikalischen Gesetzen unterworfen, aber eben nicht ausschließlich. Und deshalb ist ein Hund nicht nur Masse, die mit entsprechender Muskelkraft zu bewegen ist, sondern er ist und bleibt vom Wesen her ein Beutegreifer, das heißt, er hat das Bedürfnis, sich zeitweise sehr rasch zu bewegen, Skelett, Bänder, Gelenke, Sehnen dabei maximal zu belasten, und das ist eben nur dann möglich, wenn die Proportionen noch stimmen.

Darum gab es bis in die zwanziger Jahre dieses Jahrhunderts keine wirklich riesigen Hunde. Sie hätten auf der ganzen Linie versagt, und es ist kein Zufall, daß die größten in dieser Zeit Windhunde waren: Greyhounds, Barsois, Deerhounds, Irish Wolfhounds, die bei Schulterhöhen von bis zu achtzig Zentimetern die Fünfzig-Kilo-Grenze kaum überschritten.

Analog zu Rennwagen hatten sie mit einem Riesenmotor – Lunge und Herz sind bei Windhunden überdimensioniert – verhältnismäßig wenig Masse zu befördern, also wenige «Kilogramm pro PS», also ein trotz ihrer Größe noch günstiges Leistungsverhältnis. Waren die Hunde kompakter gebaut, dann waren sie eben kleiner.

Richard Strebel war ein berühmter Kynologe um 1900. Sein Standardwerk «Die deutschen Hunde», in dem er kurioserweise Hunde aus aller Welt akribisch beschreibt, erschien 1904. Er gibt folgende Zahlen an: Deutsche Doggen um siebzig Zentimeter und um fünfzig Kilo, bernhardinerähnlich, Rottweiler fünfzig Zentimeter bei vierzig Kilo, Mastiffs siebzig Zentimeter mit maximal sechzig Kilo. Demgegenüber die Maße und Gewichte aus einem Standardwerk unserer Tage: Deutsche Dogge achtzig Zentimeter bei fünfundachtzig Kilo, Bernhardiner fünfundsiebzig bei achtzig Kilo, Rottweiler siebzig bei fünfzig Kilo, Mastiff achtzig Zentimeter und ebensoviel Kilo. «Mindestens» heißt es bei der Angabe dieser enormen Ausmaße. Das heißt, der Hund wird auf Ausstellungen höher benotet, wenn er die Standardmaße, die ja nicht nur Richtschnur, sondern obligatorisch sein sollen, möglichst weit überschreitet.

Demzufolge sind Mastiffs und Bernhardiner häufig hundert Kilo schwer und mit Preisen in ähnlicher Gewichtsklasse überhäuft. Lakonisch und eiskalt steht neben dem Foto von einer in den Himmel ragenden

Zu groß, zu klein

heutigen Deutschen Dogge: «Die deutsche Dogge wird etwa sieben Jahre alt» (Ulrich Klever, «Knaurs großes Hundebuch»).

Nun, früher wurde der gleiche Hund zwölf oder vierzehn Jahre, wie jeder andere Hund. Ich frage mich, was geht in Menschen vor, die vorgeben, eine bestimmte Rasse geradezu überschwenglich zu lieben, und dieser Rasse Proportionen verordnen, die jedem einzelnen Exemplar einen frühen Tod garantieren? Was sind das für Menschen? Psychopathen? Sadisten? Mit leuchtenden Augen führen sie diese armen Krüppel vor, zitternd vor Schwäche, ewig, auch in Ruhestellung, hechelnd und sabbernd, mit riesigen Liegeekzemen an den Ellenbogen, ein erbärmlicher und todtrauriger Anblick für jeden Hundefreund. Um es einmal deutlich zu formulieren: Hunde in diesen Proportionen zu züchten erfüllt den Tatbestand der Tierquälerei, die Fakten sprechen für sich, jeder Unbefangene sieht es. Da stehen riesige Körper auf viel zu dünnen Beinen, da suchen ungeheure Köpfe jede Gelegenheit einer Auflage.

Es gibt eine ganz einfache Möglichkeit zu überprüfen, ob ein Hund noch so proportioniert ist, daß er sich normal verhalten kann: Zeigen Sie dem liegenden Hund etwas, was er unbedingt und von ganzem Herzen begehrt: ein Spielzeug, einen bestimmten Leckerbissen oder auch etwas, was ihn wütend macht. Im Normalfall ist ein Hund dann so schnell auf den Füßen, daß man das Aufstehen an sich mit den Augen gar nicht verfolgen kann, und ebensoschnell auf dem Weg. Kommt er selbst in derart emotionsgeladenen Mo-

Zu groß, zu klein

menten sichtlich schwer auf die Beine, ohne nachweislich krank zu sein, dann ist dieser Hund ein Zuchtkrüppel, und seine Züchter sind verantwortungslose Vermehrer von defekten Mutanten der ehemaligen Originalform.

Es gibt aber leider nur eine Möglichkeit, diesem Spuk ein Ende zu machen: Verweigerung. Lassen Sie die Züchter auf ihren Giganten sitzen! Was sich nicht verkaufen läßt, verschwindet ganz schnell vom Markt. Lassen Sie sich von diesen Leuten nicht zulabern, erliegen Sie nicht dem Charme der großfüßigen Welpen. Die werden in Kürze genauso kranke Riesen wie ihre nächsten Verwandten. Nur auf diese Art kann man viele vordem gesunde und attraktive Rassen auf ein Maß zurückführen, das sie wieder lebensfähig macht.

Hundezwerge gibt es schon, solange es Hundezucht gibt. Sie sind im allgemeinen nicht gesünder als die Riesen, leiden aber weniger. Warum? Es wurde nie etwas von ihnen verlangt! Ein Chihuahua, ein Bichon, ein Pekinese sind immer Schoßhunde gewesen. Wenn man den größten Teil seines Lebens getragen wird, braucht man keine Kondition. Und wenn das Skelettchen auch viel zu schwach ausgebildete Knochen aufweist, der winzige Schädel mit einer Hand zerdrückt werden könnte: Bemuskelung und Gelenke garantieren im allgemeinen behendes Vorwärtskommen. Man muß halt aufpassen auf Zwerge. Gott, wer so was mag...

Unterhalb von zwei Kilo hört der Spaß allerdings auf. Defekte, die unmittelbar mit dieser Winzigkeit zusammenhängen – nicht schließende Fontanellen, Zahnlosigkeit, Gelenkluxationen –, um nur ein paar davon zu nennen, treten auf und nagen am Wohlbefinden des Zwergleins.

Und die Tendenz, ehemals normal proportionierte Rassen züchterisch zu verzwergen, ist in jedem Fall verwerflich. Ich meine damit: Ein Chihuahua ist eine zweitausend Jahre alte Tatsache. Hätte dieser Winzling nicht viel Substanz, wäre er längst ausgestorben, also bitte. Dieser Fakt stellt aber niemandem einen Freibrief dafür aus, kernige Zehn-bis-fünfzehn-Kilo-Hunde willkürlich zu lächerlichen Gnomen zu machen, wie dies im letzten Jahrzehnt mit Yorkshire Terriern und West Highland White und davor mit Pudeln und Spitzen geschehen ist.

Eines ist sicher: am leistungsfähigsten, will heißen am «stärksten» und am problemlosesten sind Hunde mit unauffälligem Körperbau und zirka zwanzig Kilo Gewicht. Schade, daß sich das nur bei den Veranstaltern von Hundekämpfen herumgesprochen hat.

«Crufts»: größer geht's nicht

«Crufts»:
größer geht's nicht

Der wegen seiner graugelben Augen so genannte altrömische Patrizier Lucius Cassius Longinus Ravilla übernahm im Jahre 125 v. Chr. das hohe Amt des Zensors, des Sittenrichters. Mit äußerster moralischer Strenge versah er sein Amt und wurde dadurch zum Schöpfer eines geflügelten Wortes, daß er den Richtern bei Strafprozessen einschärfte, sie sollten vor allem ermitteln, «cui bono» – wem zum Nutzen – die böse Tat geschah. Diese Faustregel des Cassius gilt immer und überall. Bis heute. Auch beim «Crufts».

Ich wurde an diese drängende Frage erinnert, als ich in Birmingham in das brodelnde Geschehen eintauchte, das sich Crufts nennt: die größte Hundeschau der Welt. Über zwanzigtausend Hunde werden an fünf Tagen ausgestellt, bewertet und prämiert. Von jeder einigermaßen bekannten Rasse Dutzende, von den exotischen, weniger oder kaum bekannten wie Mexican Hairless oder Shar Pei immerhin noch fünf oder zehn.

Die Organisation ist bewundernswert. Über dem Gebrabbel von Abertausenden von Menschen aus aller Welt nur die Lautsprecheransagen darüber, wann wo was gerade los ist, oder die Mitteilung, daß Klein-Billy sich verlaufen hat und bei der Zentrale abgeholt werden kann.

«Crufts»: größer geht's nicht

Die Hunde schweigen. Jeder Beller fällt auf, fällt heraus aus der allgemeinen Geräuschkulisse.

Vielleicht lachen mich jetzt die Wissenden aus oder sich ins Fäustchen, weil ich nicht weiß, daß es dort üblich ist, die Ausgestellten ein bißchen zu sedieren, um sie damit einer Umgebung gegenüber gleichgültig zu machen, die Wesen mit so feinen Sinnen, wie sie Hunde nun einmal besitzen, unerträglich wäre. Bitte, ich will nicht behaupten, was ich nicht beweisen kann. Aber ein Hund lebt auch und vor allem in einer Welt der Gerüche, entnimmt ihr die für ihn wesentlichen Informationen. In dem olfaktorischen Chaos auf einer solchen Monsterausstellung verliert er zwangsweise jede Orientierung, wird überschwemmt von Eindrükken, die so geballt auf ihn einstürmen, daß ihm keine Möglichkeit bleibt, zu reagieren. Es ist, als würden *wir* mit Hunderten von Bildschirmen konfrontiert, die alle unterschiedliche Abläufe von Geschehnissen ausstrahlen, verstärkt durch Stentorstimmen.

Im übrigen das Übliche: wenig Gesundheit, viel mit Stolz vorgezeigte Krankheit: einem Bernhardiner mit so viel dicker Haut, daß nicht nur die Kehlwamme die Unterlider tief nach unten zieht und die chronisch entzündete Bindehaut sichtbar wird, fällt zusätzlich die Stirnhaut von oben über das Auge, das verzweifelt Sekret produziert. Und unendlich viel zu schwer die ewig sabbernden Nachkommen des berühmten Barry, der so viele Menschen vor dem Weißen Tod rettete. Der wog etwa vierzig Kilo. Der Sieger hier: einhundertfünf Kilo, sich selbst qualvoll über die Tage rettend.

«Crufts»: größer geht's nicht

«Crufts»: größer geht's nicht

Die Deutschen Doggen, Künstlername «Great Danes», elegante, wunderschöne Riesen, leichtfüßig durch den Ring schwebend. In einer Box, eisgrau, von Arthrose gepeinigt, der Senior der gelben Elfen. Sein Alter: sechs Jahre!

Zitternd die nackten Mexikaner, Mutationen, reingezüchtet aus einem wolligen Hündchen. «Powder Puff» heißt es *mit* Fell, kommt immer wieder vor in den Würfen und darf in England zusammen mit den Entblößten im Ring laufen, wie eine Haarwuchsmittelwerbung: vorher – nachher. Nur in umgekehrter Reihenfolge.

Überall Spraydosen, Fette, Kreide für die Weißen. Ein Stand mit Folterinstrumenten jeder Art für die Geschundenen. Ein Galgen zum Beispiel, an dem ein ausgestopfter Pudel hängt. *So* wird das Hündchen feingemacht. Der Ausgestopfte wirkt wesentlich natürlicher als seine lebenden Artgenossen in «Standard»-Schur: Die Gärten von Versailles sind gegen diese bis zur Unkenntlichkeit verschnittenen Geschöpfe die reine Wildnis.

Wehe den Langhaarigen, sie trifft es am fürchterlichsten. Das kostbare Seidenkleid der Pekinesen zu einem unübersehbaren Haufen toupierter Flusen gezerrt, aus dem irgendwo angstvoll zwei schwarze Kulleraugen glimmen.

Während die Verunstalterinnen (Pardon, es sind nun einmal vorwiegend Damen) miteinander schwätzen, wird ununterbrochen gezupft und genestelt, rasiert und geschnippelt – stundenlang.

Auf dem Hotelflur begegnet mir ein Afghane – der

kühne Gazellenjäger, schnell wie der Wüstenwind – in einem Plastikanzug, eingeschlossen bis zum Hals, nur der edle Kopf schaut verständnislos aus dem himmelblauen Idiotenhabit.

Alles ist relativ. Und die Terrier, sofern sie nicht weiß sind, haben es relativ besser. Sie werden nur zu etwas Holzgeschnitztem getrimmt: Fox, Irish, Kerry Blue ... Oder zu Lämmchen-Attrappen: Bedlington.

Am letzten Tag dann der Höhepunkt: die Kür des absolut schönsten Hundes der Show. Aus mehr als zwanzigtausend Hunden, Hunderten von Rassen, der ab-so-lut Schönste! *Der* Wahnsinn hat jegliche Methode verloren. Über die höchst zweifelhafte *Qualität* des Gekürten wird nicht gesprochen. Er steht da, sieht schön aus. Das muß genügen.

Also was bleibt? Cui bono? Wem nützt der grausame Zirkus? Wäre zu nennen: den Veranstaltern, denn die Eintrittspreise sind saftig. Den zahlreichen Verkäufern von «Bedarfsartikeln» für Hunde, im allerweitesten Sinne. *Eukanuba* und *Pedigree* haben zwei Futtermittelkathedralen in der größten Halle aufgebaut und werfen Hundekuchen unters Volk. Sodann: der Eitelkeit der Menschen, die ihre vergewaltigten Tiere hierherzerren. Die Leute können einem leid tun: Die St.-Paul's-Kathedrale aus Streichhölzern zu basteln wäre sinnvoller und täte niemandem weh.

Hätte ich jeden einzelnen Aussteller gefragt, ob er (besser: sie) denn ein Hundeliebhaber sei – ich verwette mein Haus: jeder, aber auch jeder hätte das bejaht. Trommelfellzerstörende Brusttöne der Überzeugung. Ein Chor der Lüge. Denn:

«Crufts»: größer geht's nicht

Wäre es möglich, die Betroffenen, die «Exponate» dieser oder jeder anderen derartigen Ausstellung zu befragen, ich verwette meine übrige schmale Habe: Keiner, nicht ein einziger Hund, würde freiwillig erscheinen. Öd und leer blieben dreißigtausend Quadratmeter Ausstellungsfläche, durch die leeren Hallen wehte der Wind der Vernunft.

Und die guten, die wahren Hundefreunde sitzen daheim am Kamin, schauen ihren Gefährten in die Augen und wissen ohnehin: Er ist der Schönste.

Hunde im Knast

Zwinger: Der Name ist schon Programm. Zwingen = Gewalt antun, der Freiheit berauben, einkerkern, dem Leben also entziehen, der Gemeinschaft entreißen, isolieren. Käfighaltung eben.

Jene spezifisch menschliche Mischung aus Grausamkeit und infantiler Dummheit ist wieder am Köcheln und mag nicht zur Kenntnis nehmen, daß Zwinger doch nur das Substantiv von zwingen ist.

Wozu dann also «hält» der Mensch den Hund? Im besten, schönsten aller möglichen Fälle doch, um *mit* ihm zu *leben*. Wie auch immer dieses Leben aussehen mag: Dem Hund, der neben dem Bettler auf der Straße liegt, geht es viel besser als dem gottverlassenen Reinrassigen im teuersten Zwinger.

Was ist nicht schon alles über des Menschen besten Freund, seinen treuen Begleiter, den Wächter über Haus und Hof, Weib und Kind, den unbestechlichen Hüter der Habe seines Herrn – äh, seines menschlichen Freundes – zusammengeschmiert worden. Zentnerweise tränenselige Makulatur, entstanden aus Rührung über die eigene Güte.

Ohne Scham aber bietet die rührige Industrie vorgefertigte Käfige in verschiedenen Dessins an: «Seht, hier könnt ihr euren Liebling einknasten, wann und wie lange ihr mögt. Keine Verwendung im Moment? Fällt

Hunde im Knast

er lästig, der Schöne, Große? Zur Zeit keine Bewunderer des treuen Wächters? Ab in die Zelle! Bis auf weiteres. Man wird sehen.»

Ich schneide jetzt den wutentbrannten Gegenstimmen erst mal ein Loch ins Segel und zitiere das kommende Geschrei:

1. «Einem gesunden Hund macht der Aufenthalt im Zwinger nichts aus.»

2. «Es ist ja immer nur für ein paar Stunden. Und nachts natürlich. Und wenn wir mal kurz verreisen müssen. Aber dann versorgt ihn der Nachbar. Der läßt ihn auch raus und säubert den Zwinger.»

3. «Meiner geht sogar gerne in den Zwinger. Da fühlt er sich wohl, das ist gewissermaßen sein Zuhause.»

4. «Hunde sind schon immer im Zwinger gehalten worden, und kein Mensch hat sich aufgeregt. Also was soll das Ganze?»

Na schön. Zu eins: Jeder Hund – *jeder* – wird bei andauernder Zwingerhaltung wahnsinnig. Motorische Hunde eher, phlegmatische später. Der Wahnsinn zeigt sich in Form von Aggression oder totaler Depression. «Zwingergeeignete» Hunde gibt es nicht, das würde den Menschen so passen: Freispruch für diese schlimme Art subtiler Folter.

Zu zwei: Kein Hund fühlt sich im Zwinger wohl. Wie sollte er? Aber wir haben unsere Hunde so weit gebrochen, daß sie Schuldbewußtsein zeigen, wo sie kämpfen müßten: um Anerkennung ihrer persönlichen Existenz. Um Respekt vor einer hochsensiblen, sozialen, intelligenten Art, die ein Recht hat auf ein

Hunde im Knast

Miteinander im Leben des Menschen, denn Menschen haben ihr diese Existenz aufgezwungen.

Zu drei: Gedemütigt geht der Hund mit zerbrochenem Selbstbewußtsein schwanzwedelnd in den Knast zurück. Er weiß nicht, was er verbrochen hat, aber irgend etwas muß es ja sein, wenn der Herr ihn einsperrt. Und was der Herr tut, das ist wohlgetan: das erbärmliche Ergebnis einer erbärmlichen Behandlung.

Und zu vier: Kriege hat es auch schon immer gegeben. Sind sie deshalb zu empfehlen?

Und jetzt noch mal für die sogenannten Pragmatiker ganz pragmatisch: Was soll der Hund im Zwinger? Was kann er da bewirken? Er soll doch wachen und schützen, oder? (Schließlich gibt's da ständige Kosten.) Also: Wen oder was soll er da bewachen? Den Zwinger? Mehr ist ja wohl nicht möglich. Ein Hund, der das Haus bewachen soll, kann das nur, wenn er drin ist. Im Haus. Ein Hund, der verhindern soll, daß Unbefugte aufs Grundstück kommen, kann das nur in freier Bewegung auf eben diesem Areal. So simpel ist das. Im Käfig kann er nur bellen. Unentwegt, bis zum Irrsinn eben.

Nicht zu vergessen: Tags Zwinger, nachts freilaufend auf dem Grundstück, wie groß auch immer, ist erwiesenermaßen auch kein Eratz für den vom Hund einzig ersehnten Anschluß an seine Menschen. Irgendwann rasten die beiden guternährten Rottweiler aus, finden ein Loch im Zaun des Schrott- oder Kohlenplatzes und marodieren auf den nächtlichen Straßen nach Art der Menschen: Sie rächen sich an der ganzen Gesellschaft, an der sie nicht teilhaben dürfen, und fallen über alles her, was sich bewegt.

Der Gesetzgeber schreibt eine Zwingergröße von sechs Quadratmetern vor. Exklusive Schutzhütte.

«Soviel hat unser Kinderzimmer nicht», sagen die ewigen Nachplapperer. Nur: Ein Kind, für immer in sein Zimmer eingesperrt? Sein Leben lang? Nur hin und wieder mal raus? Das ist doch wohl ein Fall für die Behörde!

Ein Kuriosum noch aus dem Land der untergehendene Sonne: In Japan wurde vor einiger Zeit ein transportabler Fertigzwinger bei Nacht auf einen Tieflader gehoben, und weg war er. Die beiden ungemein scharfen und wachsamen Akitas waren noch drin. Sie hatten, wie immer, ganz gewaltig gebellt.

Kupieren – was heißt das?

Kupieren – was heißt das?

Hundezüchter sind häufig – na, sagen wir mal: arg konservativ, was die Vorstellung vom Erscheinungsbild «ihrer Rasse» angeht. Oft bis zum Unbelehrbaren, sonst stünde es besser um das Gros unserer Hunde.

In Niedersachsen, wo ich lebe, ist einer der häufigsten Sprüche, wenn man versucht, sinnlos Gewordenes mit guten Argumenten zu verändern: «Dat hefft wi all jümmer so makt» (Das haben wir schon immer so gemacht). Die meisten Züchter sind also «Jümmersomaktmenschen». Nun wird aber eine Dummheit dadurch nicht weniger dumm, daß sie schon lange Zeit praktiziert wird. Und Grausamkeiten bleiben entsetzlich, auch und gerade wenn sie auf Tradition fußen.

Denn: Kupieren ist die elegante und deshalb zynische Umschreibung für Verstümmeln. Wer einem Tier Teile seines Körpers aus modischen Gründen abschneidet, erfüllt den Tatbestand der Tierquälerei, daran gibt's nichts zu deuten.

Einem Hund seinen Schwanz abzuschneiden ist natürlich genauso idiotisch, aber die Prozedur ist bei weitem nicht so grausam, weil sie in den ersten Lebenstagen erfolgt, wo die Knochen noch weich sind. Erwiesenermaßen bewirkt ein Gummiring um das

Kupieren – was heißt das?

Schwänzchen sogar das unblutige und schmerzlose Absterben der Schwanzwirbel. Fragt sich eben nur, wozu das gut sein soll. Hunde und alle freilebenden Wildcaniden haben nun mal Schwänze. Mal länger, mal kürzer. Sind wir wirklich so bescheuert, daß wir nicht ertragen können, daß unsere Hunde Schwänze haben?

Der Gesetzgeber nun hat, zunächst, wie ich hoffe, nur das «Kupieren» der Ohren verboten: ab 1.1.1987 schon. Und seit diesem Datum findet ein heftiges Gemauschel und Getrickse statt. Die Hunde stammen entweder aus Ländern ohne dieses Verbot – Papier ist geduldig, und Hektor verrät nichts – oder sind eben im Ausland beschnitten worden. Die Befolgung dieses *Gesetzes* wird allenthalben so gut wie unbeachtet gelassen. Nun ja: Die Gerichte haben, das ist halbwegs einzusehen, andere Sorgen; wo kein Kläger ist, ist (im allgemeinen und hier besonders) kein Richter. Und wer zeigt schon seinen Nachbarn an, weil der seinem Hund unerlaubterweise die Ohren abschneiden ließ? (Ja, wenn er seinen Baum über den Gartenzaun wachsen ließe, dann –!)

Auf der ganzen Linie versagt hat mal wieder der Verband für das Deutsche Hundewesen e.V. (VDH). Wenn ein Verband dieser Größenordnung keine kupierten Hunde in *seinen* Ausstellungen dulden würde, ganz egal, woher sie kommen, wenn sie eben nach dem 1.1.1987 amputiert wurden, dann hätte das nachhaltige Wirkung: Die Bundesrepublik ist als Ausstellungsland nicht so leicht auszuklammern. Aber natürlich: mit Einbußen an Meldegeldern müßte – vielleicht

Kupieren – was heißt das?

zunächst einmal – gerechnet werden. Dieses kalkulierbare Risiko nicht eingehen zu wollen beweist eindeutig: Dem VDH liegt nicht das *Wohl* unserer Hunde am Herzen, sondern das *Geschäft*, das sich mit ihnen machen läßt. Das heißt unter anderem: Quantität geht den leitenden Herrn vom Verband für das Deutsche Hundewesen vor Qualität!

Unter anderem deshalb, weil die Weigerung, willkürlich verstümmelte Hunde auszustellen, auch und vor allem eine Frage der Moral ist.

Und dies ist die zutreffende Bezeichnung: Hunde mit abgeschnittenen Ohren sind verstümmelt. Was sonst? Besonders absurd wird dieses archaische Ritual, wenn man sich klarmacht, daß es auf freier Wildbahn nichts Hundeartiges gibt – einschließlich der zirka vierzig Wolfsarten, die es weltweit gibt –, das Schlappohren hätte. Das hängende Ohr ist die Herauszüchtung einer Mutation. Und dies in allen Varianten: vom harmlosen Kippohr des Fox Terriers bis zu den Qual verursachenden Riesenbehängen der Cocker und Bassets, die von ihren Trägern nicht einmal mehr angehoben werden können und fast immer schmerzhafte und kaum heilbare Entzündungen im Innenohr verursachen (natürlich werden *diese* Ohren, bei denen es eindeutig eine medizinische Indikation gäbe, *nicht* kupiert!).

Menschen haben also jedes fallende Ohr bei allen Rassen herausgezüchtet. *Um es in der Folge bei einigen Rassen wieder abzuschneiden!*

Zum Procedere: Das Abschneiden eines Teils der Ohren – bei einigen Rassen, wie dem Staffordshire

Kupieren – was heißt das?

Terrier oder dem Mastino Napoletano wird sogar das Gesamtohr brutal abgesäbelt – erfolgt erst ab oder in der fünften Lebenswoche. (Die Öhrchen bei den Hundebabys müssen ja erst mal eine gewisse Größe erreicht haben, um davon was abschneiden zu können.) Die Operation ist blutig, weil das Gewebe dort besonders gut durchblutet ist, und wird unter örtlicher, meist schlampiger Betäubung von verantwortungslosen Tierärzten oder irgendwelchen Kurpfuschern durchgeführt.

Die kleinen Hunde haben dabei furchtbare Angst, versteht sich. Das sich gerade entwickelnde Vertrauen in den großen Bruder Mensch hat den ersten Knacks weg.

Wenn dann die Betäubung nachläßt, kommt der Schmerz. Nachhaltig und über viele Wochen. Denn: in diesem Entwicklungsstadium können die Welpen immer sicherer über ihre Gliedmaßen und damit erstmals über ihre Bewegungsabläufe verfügen. Aus dem unsicher Schwankenden ist schon ein kleiner Hund geworden, der sich flink und vergnügt daranmacht, die Welt außerhalb des Wurflagers zu entdecken. Das heißt wiederum in erster Linie das Spielen mit den Wurfgeschwistern, der Mutterhündin und – hoffentlich – mit den betreuenden Menschen. Dabei wird partnerschaftliches Sozialverhalten spielerisch eingeübt, ein absolutes Muß für die normale Entwicklung der Welpen.

Welche Erfahrung aber muß der amputierte Zwerg machen? Alles tut weh: Jede heftige Bewegung, jede Berührung der mit Leukoplast oder ähnlichem ver-

Kupieren – was heißt das?

klebten Restohren mit irgendeinem Gegenstand oder Spielpartner schmerzt. Ganz abgesehen von den äußerst schmerzhaften Verbandwechseln, bei denen die Wundränder massiert werden müssen, damit es keine unschönen verdickten Narben gibt.

Was also ist der junge Hund gezwungen schmerzlich zu lernen? Am wenigsten tut es weh, wenn man sich still verhält. Dies in einer absolut motorischen Entwicklungsphase. Wie viele scheinbar unerklärliche Neurosen des heranwachsenden Hundes auf die routinemäßige Verstümmelung und deren Nachbehandlung zurückzuführen sind, ist nicht beweisbar, liegt aber für jeden Menschen, der bereit ist, sich die eben erwähnten Tatsachen vor Augen zu führen, auf der Hand.

Ich tue jetzt etwas, das ich in – fast – jedem anderen Zusammenhang ablehnen würde: Ich bitte Sie, liebe Leser, zeigen Sie Hundebesitzer, die ihrem in der BRD gehaltenen Hund die Ohren amputieren ließen (nachweislich nach dem 1. 1. 1987) – zeigen Sie diese Ignoranten beim nächsten Polizeirevier an. Pfeifen Sie in diesem Fall auf das freundlich-feige Verhältnis zum Mitmenschen, und sorgen Sie dafür, daß ein ohnehin mageres Exempelchen statuiert werden kann. Viel passiert dem ohrabschneidenden «Hundeliebhaber» ohnehin nicht, aber die Geldstrafe kann schon ganz schön weh tun. Natürlich längst nicht so weh wie die Amputation beider Hundeohren.

Marginalien zur Fernsehserie «Hundegeschichten»

Wohl die ausführlichste Überschau der Beziehung Mensch–Hund, die je über deutsche Bildschirme gelaufen ist, hat Dieter Kaiser vom WDR 1995 eingekauft: sechsmal fünfundvierzig Minuten, von der BBC in der ganzen Welt aufwendig gedreht – von Papua-Neuguinea bis New York City. In bester journalistischer Tradition werden Situationen vor den Zuschauer gestellt. So, wie sie sind. Ein Urteil muß sich der Zuschauer selbst bilden.

Wenn ich ihm mit zwei, drei Kommentaren pro Film dabei helfe, meine ganz persönliche Meinung dazu sagen darf, die nicht immer die Meinung der Redaktion war – das sei hier lobend erwähnt –, dann versuche ich «meinungsbildend» zu wirken, versuche – ich leugne es gar nicht – ein wenig zu missionieren.

Denn nicht jeder Zuschauer hat sich über Jahrzehnte mit dem Phänomen Hund beschäftigt, interessiert aber ist er dennoch. Vielleicht also hilft ihm mein Kommentar bei der «Urteilsfindung».

Insgesamt, soviel ist sicher, geht es den Hunden der Welt schlecht. Dies aus den vielfältigsten Gründen. Der Mensch, laut Dauerklischee «des Hundes bester

Freund», ist nur in den seltensten Fällen bereit, dem Hund zu geben, was des Hundes ist: ein artgerechtes Dasein nämlich, abgestellt auf die Bedürfnisse nicht nur des Hundes als Wolfsabkömmling allgemein, sondern auf die Bedürfnisse der vielen Rassen, von Menschen geschaffen. Ein Zwergpinscher muß zwangsläufig anders gehalten werden als ein Bernhardiner. Und der würde elend zugrunde gehen, müßte er wie ein Greyhound leben. Und umgekehrt.

Die Anforderung an den Menschen, seinen «besten Freund» so zu behandeln, daß der sich seines Lebens freuen kann, ist also nicht nur allgemein, sondern durchaus individuell.

Allgemein schon wird aber im überwiegenden Fall darauf gepfiffen: Der Hund hat sich dem Menschen sklavisch zu unterwerfen, ist dazu da, seinem Herrn und Meister zu dienen, koste es, was es wolle. Und oft kostet es das Leben. Früher oder später, direkt oder indirekt.

Dabei spielt es keine Rolle, ob das Schoßhündchen – von seinen wesentlichen Anlagen her immer noch Hund wie alle seine Artgenossen – zu Tode geliebt wird, weil es sein Leben in falsch verstandener Fürsorge auf dem Arm von «Frauchen» verbringen muß, mit Leckereien krank- und fettgefüttert, bis es seine Tage asthmatisch japsend, um Atem ringend, per Herztod beschließen darf. Den in Klagegeheul ausgebrochenen, meist weiblichen Hundehaltern dieser Art sei gesagt: Besser hätten sie ihren süßen Liebling mit der Axt erschlagen, als ihm ein Leben zuzumuten in Samt, in Seide und in Qualen.

Marginalien

Da geht es Hunden, deren Kraft und Lebensfreude bis zum letzten ausgebeutet wird, vergleichsweise besser: Die Huskies beispielsweise führen als Schlittenhunde ein artgerechtes Leben. Alle Hunde sind begeisterte Läufer, und wer je so ein Gespann durch die endlosen Schneelandschaften der Süd- oder Nordpolregionen stürmen sah, zweifelt nicht: Diese Hunde haben Freude an ihrem harten Leben.

Kein Grund dennoch, in Euphorie auszubrechen: In einem der Filme wird ein Eskimo befragt (prächtig aussehend, wie aus einem Werbespot): Ja, sagt er, seine besten Freunde seien das. Seine Hunde, seine Kameraden, Gefährten seines Lebens, ohne sie wolle und könne er gar nicht existieren. – Und was wird denn aus Bruder Husky, wenn er, älter geworden, der enormen Beanspruchung nicht mehr gewachsen ist? – Nun, sagt der Meister der fröhlichen Gespanne und verliert sein Strahlelächeln nicht: Mit sechs Jahren werden sie dann erschossen. – Wie denn, er selbst würde..? – Nicht doch, es gäbe da einen Mann im Dorf, zu dem brächte er jeweils die Hunde, wenn es soweit sei. Er – so betont der Gute treuherzig – könnte das gar nicht. Ist das nicht herrlich? Bester Freund und Kamerad bis zur Hälfte des vorgesehenen Lebens, und dann aber ab in die Grube. Vielleicht sind die im ewigen Eis Lebenden unter dem Druck der Natur selbst zu Eis geworden? Ach was: Eskimos nennen sich selbst Inuit. Das bedeutet «Mensch» und trifft die Sache haargenau: Wie denn gehen Menschen mit Menschen um? Na? Na? Also. Kann man verlangen, daß Menschen mit Tieren – und seien sie auch noch so an sie gebunden – besser umgehen als mit sich selbst? Die vergleichsweise wenigen Hunde, die ihr Leben gemeinsam mit Menschen, aber ihrer Art gemäß leben dürfen –, spielen die eine Rolle? Ich meine, das Verhältnis Mensch-Hund insgesamt betrachtet?

Vielleicht gerät ja irgendwer bei der Betrachtung dieser Filme ins Grübeln und von daher zu einer Art Einsicht, die ihn dazu bringt, seinen friedlich auf dem Familiensofa schlummernden Fiffi spontan in die Arme zu schließen. Tja. Die Welt der Menschen wird vom Irrsinn regiert. (Denken wir doch nur ganz kurz mal an die selbstgefertigte Katastrophe vor unserer Haustür.) Wie sollte es dann den engsten Weggefährten der Menschen seit zwanzigtausend Jahren besser gehen?

Natürlich decken diese sechs Filme längst nicht alle möglichen Beziehungen Mensch-Hund ab. (Man könnte die Reihe beliebig fortführen.) Aber innerhalb des Gezeigten geht es zwei Kategorien Hund recht gut, die in diametral verschiedenem Umfeld leben: den Hunden der Papuas in Neuguinea und den Hunden, die sich den Obdachlosen der sogenannten zivilisierten Länder zugewandt haben.

Die Papuahunde sind die einzigen Garanten dafür, daß ihre Menschen hin und wieder zu Fleisch kommen. Sie nur können Baumkänguruhs, alleinige Fleischlieferanten, aufspüren und so dem Jäger die Möglichkeit geben, sie zu erlegen. Diese Hunde leben völlig ungezwungen mit und zwischen den Menschen, geliebt und hochverehrt. Und weil der Mensch nun mal alles übertreiben muß, sind die Götter der Papuas Hunde.

Marginalien

Den Hunden der Obdachlosen geht es gut, weil sich in diesem Ambiente meist der Hund den Menschen ausgesucht hat. (Das ist ja sonst fast immer umgekehrt.) Eines Tages – so berichtet ein obdachloser Menschgefährte – sei ihm morgens unter seiner Brücke ungewohnt mollig gewesen. Die Augen öffnend, sah er, eng an ihn gedrückt, einen großen Hund ruhig atmen: Der Hund hatte gewählt, und der Erwählte tat künftig alles für ihn, was in seinen Möglichkeiten lag. Das wiederum genügte dem Hund, denn er war frei gewesen in seiner Entscheidung.

Wie auch immer: Die meisten Menschen haben sich ein Bild gemacht von unseren Hunden. Ob es den vielen Wahrheiten entspricht, die diese Filme aufzeigen – vielleicht möchte der eine oder andere Zuschauer das überprüfen.

*Wir brauchen unsere Hunde**

Meine Damen und Herren,

es gibt kein lebendes Wesen, das enger an die Entwicklungsgeschichte des Homo sapiens sapiens, des angeblich so weisen, weisen Menschen angebunden ist, als der Hund.

Über annähernd zwanzigtausend Jahre hat er den Menschen auf all seinen Wegen, die sich rückblickend ziemlich ausnahmslos als Irrwege herausgestellt haben, begleitet, war ihm aus unerfindlichen Gründen immer und überall treu ergeben. Er hat Haus und Hof bewacht, war unersetzlicher Jagdgehilfe des frühen Menschen, hat bedingungslos gegen des Menschen wirkliche oder vermeintliche Feinde gekämpft und zum Vergnügen der Herrschenden beigetragen, indem er sich auf Schaukämpfe eingelassen hat gegen überlegene Gegner oder – und das bis auf den heutigen Tag – sogar gegen seinesgleichen.

Man hat ihn hemmungslos mutieren lassen, ihn zum Zwerg, zum ungeschlachten Riesen, zum Krüppel ge-

---

* Vortrag vor dem Allgemeinen Kynologischen Verein Groß-Dortmund e.V., gegründet 1919 (Verein der Hundefreunde), 1992, leicht überarbeitet.

züchtet. Man hat ihn zum Zerrbild seiner Ahnherren, der Wölfe, gemacht, damit geprahlt, Bildhauer einer Gattung zu sein, die so von der Schöpfung nicht gemeint war.

Heute sind unsere Hunde, bis auf wenige Ausnahmen, arbeitslos. Sie sind ersetzbar geworden durch den sogenannten technischen Fortschritt, der sich längst verselbständigt hat und zu einer entsetzlichen und grausamen, allgegenwärtigen Bedrohung allen Lebens auf diesem Planeten geworden ist. Hunde, Tiere ganz allgemein, spielen keine Rolle mehr im großen Welttheater. Man hat ihnen überall ihre fristlose Kündigung zukommen lassen. Anscheinend geht es auch ohne sie. Daß dieser Schein trügt, daß wir dringlicher denn je auf jegliches Leben neben unserem Leben angewiesen sind, ist längst erwiesen und muß diesem Auditorium hier nicht erneut bewiesen werden.

Die Welt, in der wir leben, sieht anders aus, und auch das wissen Sie.

Mit uns leben in diesem Land zirka fünf Millionen Hunde. Registrierte Hunde, für die ihre Besitzer zahlen müssen, nur weil sie existieren. Die Dunkelziffer der Hunde ohne Dokumente, der Ausgestoßenen, Heimatlosen, der Parias und Stadtstreicher, ist wohl ebensohoch anzusetzen. Und ich vereinfache nicht wesentlich, wenn ich sage, da leben zehn Millionen von der Mehrheit Unerwünschte mit und unter uns. (Damit keine Irrtümer entstehen: Ich spreche hier ausschließlich von Hunden!)

Parallelen zum Automobil sind unübersehbar: Auch für den Kauf von Autos wird teuer geworben, werden lockende und verlockende Angebote gemacht, spendable Konditionen für die Finanzierung angeboten, die laufenden Kosten heruntergespielt, der Prestigewert hochgespielt und die große Freiheit an einen Horizont gemalt, den die Autos mit ihren Abgasen selbst verdunkelt haben. Besitzt einer aber erst das angepriesene Objekt, fallen der Staat und seine Behörden über ihn her und plündern ihn aus wie die Strauchdiebe. Er wird verteufelt – auch von den anderen Hereingefallenen –, bis zur Unerträglichkeit reglementiert, als potentieller Mörder angesehen, und mit dem Prestige ist es auch schnell vorbei. Ein Zweihunderttausendmarkauto im Stau ist ein Objekt der Lächerlichkeit, und die Freiheit, die «freie Fahrt für freie Bürger», gibt es nur in der Werbung, die hinterhältig immer wieder um neue Trottel bemüht ist, die in die Falle gehen.

Soweit sind also Parallelen erkennbar. Nur: Am Auto hängt – weltweit – eine Industrie, die so gewaltig ist, daß wir alle an den Bettelstab kämen, wenn es auch nur ernsthafte Einbrüche in der Produktion gäbe. Also müssen Autos wohl vorläufig sein.

Und Hunde? Hunde müssen *nicht* sein. Machen wir uns nichts vor: Wirtschaftlich gesehen gibt es für unsere Hunde heutzutage weder eine ökologische noch eine ökonomische Nische. Eine Welt ohne Hunde wäre eine kalte, eine öde, eine stereotype Welt, eine Welt, in der ich nicht leben möchte und vermutlich viele von Ihnen auch nicht. Aber diese Welt ist denkbar, registrierbare Katastrophen blieben aus, Beispiele sind zitierbar. Denken Sie an China: Die riesige arme Bevölkerung hat Hunde von jeher nur als Fleischlieferanten gesehen, und nur die führende Kaste durfte sie besitzen. Als Spielzeug. Heute ist dieses Land, das eher ein Kontinent ist, nahezu hundelos.

Und wie sieht es bei uns aus? In einem Land, dessen Hundehalter von einer wachsenden Anzahl von Hundehassern für ihre Affinität zum Hund immer gehässiger beschimpft werden? «Die Deutschen lieben ihre Hunde mehr als ihre Kinder», tönt es, und dann folgt unweigerlich der närrische Vergleich der von den Behörden vorgeschriebenen Raumgrößen für Kinderzimmer und Hundezwinger.

Meine Damen und Herren, es hat keinen Sinn, darüber hinwegzusehen oder daran vorbeizureden: Wer heute in Deutschland einen Hund hat und nicht zu den wenigen Privilegierten mit einem eigenen Besitz gehört, der als «Länderei» bezeichnet werden kann, der steht mit dem Rücken an der Wand. Es ist nahezu unmöglich geworden, einen Hund artgerecht zu halten, ohne gegen bestehende Gesetze oder Verordnungen zu verstoßen.

Der Hund, jeder Hund, ist ein Läufer. Die freie Bewegung in natürlicher Umgebung – was auch immer das heute noch heißen mag – ist für ihn kein Privileg, keine Sonderzuteilung, sondern absolut lebensnotwendig. Ein Hund, lebenslang an der Leine gehalten, ist wie ein Sträfling in Ketten: Er verkümmert physisch und psychisch, er fällt entweder in Lethargie oder er wird böse, er verroht und wendet sich schließlich gegen die wirklichen und vermeintlichen Verursacher seiner Qual. Einen Hund für immer an der Leine zu halten erfüllt den Tatbestand der Tierquälerei.

Wir brauchen unsere Hunde

Und wo, bitte, darf er seinem unbezwinglichen Laufbedürfnis nachkommen? Die Antwort ist so kurz wie eindeutig: nirgendwo! In der Stadt verbieten sich freilaufende Hunde inzwischen von selbst. Im Getümmel von Autos und Menschen, in einer betäubenden Wolke von nicht mehr zu identifizierenden Gerüchen und anderen Sinneseindrücken ist jeder Hund froh, wenn er in der Nähe seiner Bezugsperson bleiben kann. Er würde sie unter den im Stadtgebiet herrschenden Umständen trotz oder richtiger: infolge seiner überfeinen Sinne nicht mehr wiederfinden, wenn er den Kontakt verlöre, würde bei der verzweifelten, hektischen Suche nach den Verlorengeglaubten sich und andere gefährden.

Und in Wald und Flur? In der Feldmark? Auf Wiesen und Brachland? Da kann er laufen und sich seines Lebens freuen. Aber er darf nicht! Alles und jedes gehört irgendwem, überall können Hund und Herr weggescheucht werden, überall sind sie, bestenfalls, geduldet, berechtigt zu gar nichts. Überall wachen beamtete oder beauftragte Jäger oder Jagdpächter – und das ist sehr häufig irgendein reich gewordener Sockenfabrikant aus der Provinz – darüber, daß kein Hund etwa ein Stück Rotwild «beunruhigt», das in seiner angemästeten Vielzahl jeden kümmerlichen Versuch einer Aufforstung beharrlich zerstört; keinem Hasen ein paar Meter hinterherläuft, der schneller ist als jeder Hund, ein paar Windhundrassen ausgenommen. Auch Kaninchen zu jagen ist ein Privileg der autorisierten Grünröcke, die sie als «Schädlinge» erbarmungslos vernichten.

Wir brauchen unsere Hunde

Damit wir uns richtig verstehen: Ich rede hier nicht der Wilderei durch Hunde das Wort, wo sie denn, selten genug, einmal vorkommt. Ich verwahre mich gegen den Hochmut, den Dünkel und die Unbarmherzigkeit derjenigen, die da meinen, Wald und Flur stehen allein zu ihrer Verfügung, und die Spaziergänger und ihre harmlosen Hunde mit der Waffe bedrohen, ohne dafür sofort inhaftiert zu werden, weil die Vorgesetzten in der zuständigen Behörde sich an den Wochenenden häufig ebenfalls in Loden hüllen und den wilden Mann spielen.

Natürlich hat der Hundehalter diesen anachronistischen Nimroden gegenüber Rechte, die Gerichte – falls überhaupt von den Eingeschüchterten angerufen – sehen das zunehmend auch so. Aber was nützt das, wenn der Hund tot ist? Eine Strafe, die dem Mörder weh tun würde, sieht das neue Tierschutzgesetz, das das Papier nicht wert ist, auf dem es geschrieben wurde, nicht vor.

Und die behördlich freigegebenen und vorgeschriebenen sogenannten Auslaufgebiete? Sie erfüllen nur Alibifunktionen: viel zuwenig, viel zu schlecht erreichbar, viel zu klein. Vergleichbar in ihrer Dürftigkeit den Gefängnishöfen.

Es bleibt also dabei: Hundehalter, die ihre Hunde artgerecht halten wollen, sind auf Duldung, auf Mitleid, auf jederzeit zurücknehmbare Toleranz angewiesen, müssen ständig Anfeindungen, Beschuldigungen, Anzeigen gewärtigen. Hundehalter, die ihren Hunden ein Leben ermöglichen wollen, das ihnen zusteht, stehen mit einem Bein im Knast. Hundefeind zu sein ist «in». Hunde müssen weg!

Von einer «zunehmenden Gefährdung der Bevölkerung» durch Hunde kann keine Rede sein. Dennoch wächst die Pogromstimmung gegen Hunde wie ein Krebsgeschwür: erschreckend schnell. Man muß nur an das nicht abreißende Haßgeheul über Hundekot denken. Anscheinend sind ausschließlich Hunde an Stoffwechselvorgänge gebunden. An die Milliarden, die selbstverständlich für Klärwerke ausgegeben werden, damit die menschlichen Hinterlassenschaften neutralisiert werden, und an die verheerenden Folgen im ökologischen System überall dort – auch in Europa –, wo die millionenfach größere Menge *menschlichen* Kots einfach in Gewässer, Seen und Meere, Flüsse und Bäche geleitet wird – darüber schweigen die Medien. Jedenfalls im Zusammenhang mit dem vergleichsweise winzigen Problem der Hundeexkremente. Es wird so getan, als ob ein WC das Hinabgespülte spurlos verschwinden ließe wie der Zauberer das Kaninchen im Zylinder. Aber nach der Vorstellung ist das Kaninchen wieder da!

Ich habe bis jetzt gegengehalten gegen eine atemlose und bösartige Hetze gegen unsere Hunde. Es wird Zeit, daß nun auch mal Überlegungen angestellt werden, was wir, die wie unsere Hunde lieben (aus guten Gründen) und alles daransetzen, unseren Gefährten ein artgerechtes Leben, allen Widerständen zum Trotz, zu ermöglichen, was wir denn tun können, um die Situation zu entschärfen.

Da wäre erst mal die Möglichkeit, sich zu solidarisieren. Fünf Millionen Hundebesitzer, die – beispielsweise – die Hundesteuer wegen fortdauernder Drangsalierung durch die Behörden verweigern, das wäre ein

Fakt, der Regierungsvertreter blaß um die Nase aussehen ließe. Fünf Millionen Hundebesitzer, die diese Steuer auf ein Sperrkonto überweisen und einen Verein gründen würden, der die Behörden mit gut begründeten Anträgen und Beweismitteln bombardierten, bis die ihre blödsinnigen und von keiner Sachkenntnis getrübten Verordnungen und Maßnahmen zurücknehmen müßten – das wäre eine Möglichkeit! Und fünf Millionen Mitglieder dieses imaginären Vereins könnten sich mühelos die besten Anwälte leisten!

Könnte, würde, hätte: leider alles Konjunktiv, alles Theorie von der grauesten Sorte. Warum? Weil die meisten Hundebesitzer keine Hunde lieben, sondern ausschließlich einen einzigen: den eigenen. Weil sie sich vor anderen Hunden fürchten und sie und ihre Besitzer anpöbeln, genau wie die Hundehasser jeder Couleur. Sie haben es doch alle schon tausendmal erlebt, das «Nehmen-Sie-gefälligst-Ihren-Köter-an-die-Leine»-Geschrei, das «Halten-Sie-Ihre-Töle-fest!»-Geblöke. Freundliche Begegnungen unter Hundebesitzern, besonders Besitzern größerer Hunde, sind die Ausnahme, machen wir uns doch nichts vor!

Im übrigen gibt es ja schon einen Verein von bedeutender Größenordnung. Wir haben doch den VDH! Warum kann denn «das Deutsche Hundewesen» nicht an *ihm* genesen? Warum gehen denn von ihm nicht starke Impulse aus, sich gegen die zunehmende Diffamierung zu schützen, Gegenmaßnahmen zu treffen? Ich weiß es nicht, aber ich habe einen begründeten Verdacht, auf den ich zurückkommen werde. Tatsache ist, von dort kommt nichts, und wir müssen uns mit der Tatsache abfinden, daß das so ist und daß auf Solidarität nicht zu hoffen ist. In diesem Bereich wie in allen übrigen menschlichen Bereichen.

Sehen Sie sich die Welt an, so wie sie ist: Da ist von Vernunft nicht die Rede und schon gar nicht von Solidarität, da herrscht Hauen und Stechen. Warum sollte das bei dem Problem der Hundehaltung anders sein? Ich spreche jetzt bewußt nicht von den Erfolgen kleiner Gruppen wie zum Beispiel der Bull-Terrier-Leute, die sich klug und gezielt zur Wehr gesetzt und dem Amtsschimmel Beine gemacht haben.

Ausnahmen bestätigen eben nicht die Regel, in der Regel gibt es ein paar Ausnahmen, die das Gesamtproblem nicht ausräumen können.

Und nun wird es endlich Zeit, darauf zu kommen, was wir, die Hundehalter, vor allem aber die Hundezüchter, denn wohl falsch machen, Zeit, sich mal an die eigene schlaue Nase zu fassen.

American Staffordshire und Staffordshire Terrier sind unverdient in die Schußlinie geraten. Von dieser Hunderasse wußten die meisten bis dahin gar nichts, sind so einem Hund nie begegnet. Jetzt, wo mit Sicherheit Schwierigkeiten bei der Haltung dieser Rasse zu erwarten sind, jetzt, wo Pöbeleien und behördliche Auflagen an der Tagesordnung sind – jetzt schießen die Staffordshire-Züchter nur so aus dem Boden, ein sicheres Zeichen für stark erhöhte Nachfrage. Wobei man sich nur fragen muß, wer hier verantwortungsloser und dümmer ist: Züchter oder Käufer. Ausbaden müssen es natürlich diese schönen, eleganten Hunde: Sie landen zu Hunderten in Tierasylen, wo sie dann –

eventuell – vom nächsten Potenzgestörten abgeholt werden. Bis sie schließlich so werden wie ihr Ruf.

Schäferhunde sind vornehmlich an Angriffen auf Menschen beteiligt. Was kann man angesichts dieser Situation in der Vereinszeitung S. V. lesen? Anzeigen über Anzeigen unter der Rubrik «Gesucht», in denen «kampftriebstarke», «schußgleichgültige» Hunde mit «ausgeprägtem Griff und Stockverhalten» und ähnlicher martialischer Blödsinn wieder und wieder gefordert werden. Zahnfehler, Gebäudefehler, mangelhafte Papiere, Hüftgelenksdysplasie und viele Mankos mehr werden ausdrücklich in Kauf genommen. Gewünscht werden solche physischen und psychischen Krüppel beispielsweise vom «Amt für öffentliche Ordnung – Stuttgart», von der Bereitschaftspolizei oder von Diensthundausbildungsstätten.

Weiter: Es gibt über sechzig Jagdhundrassen. Das heißt Hunde, über die in entsprechenden Lexika geschrieben steht, sie gehörten infolge ihres ausgeprägten – und angezüchteten – Jagdtriebs in die Hand von Jägern (oft steht da noch «ausschließlich»). Welcher Jäger, bitte? In welchem Land? Leben wir im Urwald und müssen uns, jeder einzelne, den treuen Jagdgehilfen an der Seite, jeweils unser Mittagessen erjagen? Was, um Himmels willen, soll das? Was wird aus diesen Hunden? Wer soll sie kaufen? Sie haben allesamt zwei Lebensperspektiven: lethargisch an der Kette oder im Zwinger dahinzuvegetieren oder, wenn sie ihrem «Jagdtrieb nachgehen», erschossen zu werden (von sogenannten Jägern natürlich).

Weiter: Ich habe einen Bekannten, der eine schöne,

freundliche und gesunde Wolfhound-Hündin besaß. Jeder Spaziergang war eine einzige Angstpartie. Die Hündin stelzte, scheinbar gelangweilt, neben uns – bis sie auf eine Spur stieß. Danach war sie in Sekunden am Horizont. Ich habe nachgemessen: Jeder ihrer Sprünge betrug zwischen sieben und acht Metern! Können Sie mir sagen, wo ein solcher Hund – aus den unendlichen Heide- und Moorflächen Schottlands stammend und ursprünglich nur wenigen Hochgestellten vorbehalten – wo dieser Hund artgerecht, das heißt seinem enormen Laufvermögen entsprechend, gehalten werden kann? Und von wem? Das gleiche oder ähnliches gilt für alle sehr großen Windhundrassen. Wir haben keinen Platz mehr für Deerhound, Barsoi, Greyhound oder die orientalischen Windhundrassen. Die paar Hunde, die sich regelmäßig in Rennen austoben dürfen, kann man vergessen! Wir haben in unserem engen, urbanisierten Europa für diese herrlichen Hunde keinen Platz mehr. Dennoch werden sie hartnäckig weitergezüchtet und degenerieren natürlich immer mehr.

Und: Was sollen die riesigen überschweren Bernhardiner, Mastiffs, die armseligen Kolossal-Überbleibsel der Deutschen Dogge, die schon an ihrem Standard dahinsiechenden Mastini Napolitani? Die größtenteils todkranken, weil aus viel zu kleiner Population stammenden Bordeaux-Doggen? Herrgott: Ich verlange ja nicht, daß man diese schönen Hunde exekutieren soll. Ich meine nur, daß man Rassen, deren Lebensbedürfnisse wir nicht – oder nicht mehr – erfüllen können oder die nur noch durch Inzucht weiterexistieren – daß man diese Rassen einfach auslaufen läßt.

Wir brauchen unsere Hunde

Für viele Vertreter ihrer Art wäre das dann der einzige Auslauf in ihrem unerfüllten Leben.

Ich meine, wir dürfen einfach nicht die Augen vor der Tatsache verschließen, daß wir viel zu viele Hunde haben, denen es nicht gutgeht. Und ich spreche jetzt nicht – noch nicht – von den Vernachlässigten, Verstoßenen, Ungeliebten, sondern von den Rassen, deren angezüchtete Bedürfnisse einfach nicht erfüllt werden *können*. Auch beim besten Willen nicht. Ist es denn wirklich zuviel verlangt von den Züchtern dieser Rassen, auf andere Rassen umzusteigen, die noch einigermaßen in unsere enge Welt passen? Und gibt es denn irgendeinen Sinn – jetzt komme ich auf die allgemeine Situation –, Jahr für Jahr ich weiß nicht wie viele hunderttausend Hunde gewissermaßen «herzustellen», wissend, daß Hunderttausende davon ein elendes Leben haben werden, weil der Besitzerehrgeiz und die vorgebliche Liebe schnell vergangen sind? Wissend, daß allein dreißigtausend Hunde jährlich – meist vor dem großen Urlaub – aus fahrenden Autos geworfen werden? Ungezählte, in unzugänglichen Waldstücken angebunden, dem qualvollen Hungertod ausgeliefert sind? Millionen in Versuchslaboratorien zu Tode gefoltert werden? Oder, bestenfalls, in den trostlosen Käfigen der zum Bersten gefüllten Tierasyle landen, hoffend – oft vergeblich –, daß sich noch einmal ein Mensch ihrer erbarmt. Was dann nicht ausschließt, daß der Circulus vitiosus von vorn beginnt.

Meine Damen und Herren, ich bin noch nie einem Hundezüchter begegnet, der nicht behauptet hätte, daß er die Zucht aus Liebe zum Hund allgemein und zu

Wir brauchen unsere Hunde

«seiner» Rasse im besonderen betreibe. Geld sei damit nicht zu verdienen. Im Gegenteil. Es sei ein teures Hobby. Und wenn einer verantwortungsbewußt züchtet, dann ist das auch so. Im übrigen aber ist das nicht so: Es gibt reichlich Züchter, die diesen Namen nicht verdienen und die auf Kosten ihrer armseligen Hunde höchst ungute, aber einträgliche Geschäfte machen. Sie glauben doch sicher auch nicht, daß jemand, der zwanzig verschiedene Rassen oder mehr anbietet, daß man den zu den Züchtern rechnen kann? Das sind Vermehrer oder Verkäufer von Hundeware, die direkten Nachkommen der Roßtäuscher. Sie sind kriminell, und Einsicht ist von ihnen nicht zu erwarten.

Und die anderen? Die doch hoffentlich große Zahl der verantwortungsbewußten Züchter? Kann wenigstens dort Einsicht erwartet werden? Oder ist es auch denen egal, den Hundeberg Jahr für Jahr zu erhöhen? Beizutragen zur Herstellung der Wegwerfware Hund? Bitte keine Ausflüchte: Auch Rassen, die so gut wie nie in den Tierheimen auftauchen – Shar Peis meinetwegen oder Chinese Crested Hairless –: wenn sie nicht auf dem Markt wären, vielleicht fände doch der eine oder andere Herrenlose statt ihrer ein neues Zuhause. Auch die traurige Tatsache, daß vom mangelnden Angebot seriöser Züchter die Hundehändler profitieren würden, ist Ausflucht keine Lösung des Problems. Ganz richtig: Ohne die Einsicht und Mitarbeit der Käufer geht es nicht. Und wer wäre berufener, Aufklärungsarbeit zu leisten, als der Allmächtige?

Nein, bitte, ich meine nicht den lieben Gott, sondern – etwas näherliegend – den VDH. An ihm wäre es, Aufklärungsarbeit zu leisten, er hätte die Möglichkeiten und die Mittel, für ein – zeitlich begrenztes – Zuchtverbot zu werben. Zumal in jedem Tierheim zunehmend auch Rassehunde mit gültigen Papieren zur Disposition stehen. Ist es denn für diesen riesigen Hundeverwalter nicht zumutbar, einen gewissen Rückgang der Meldungen für die Rassehundshows hinzunehmen, wenn damit der entsetzliche Kreislauf des Kaufens und Wegwerfens unserer Hunde rückläufig wäre? Oder wenigstens zum Stillstand käme? Kann man Hundefreund sein, wenn man diese hier herrschenden Zustände ignoriert? So tut, als sei alles in Ordnung? Nein, meine Herren von der Leitung des VDH: Es ist keinesfalls in Ordnung mit der Hundezüchterei, und Sie wissen es. Und Sie könnten etwas dagegen tun, das wissen Sie auch!

Meine Damen und Herren, ich habe wenig Hoffnung, daß meine Worte etwas bewirken. Aber Änderungen bestehender Verhältnisse fangen immer mit Denkanstößen an. In meinem Fall mit etwas so Einfachem wie dem Hinweis auf nachprüfbare Fakten. Ich möchte wenigstens nicht zu denen gehören, die auch das Maul gehalten haben. Vielleicht stellt sich Ihnen aber jetzt die Frage – nachdem ich versucht habe darzulegen, wozu und in wie großer Anzahl unsere Hunde *miß*braucht werden –, wozu wir denn eine – möglicherweise verminderte – Anzahl von Hunden *brauchen*. Wie dringend und ob überhaupt.

Diese Frage kann ich von ganzem Herzen bejahen. *Wir brauchen unsere Hunde!* Lassen Sie mich das mit einem kurzen Märchen veranschaulichen. Und glauben Sie mir: Was wie eine Variante zum Anfang der «Bremer Stadtmusikanten» klingt, ist schließlich kein Märchen, sondern das Ende einer entwicklungsgeschichtlichen Epoche und der Beginn einer neuen.

«Es war einmal ein kleines Mädchen, dem starb seine Mutter. Da legte es sich ins Bett und sprach mit niemandem mehr. Sein Vater rief viele Ärzte herbei, aber keiner konnte helfen. Eines Tages kam ein Hündchen ins Zimmer, setzte sich auf das Bett und sagte: ‹Streichle mich!› Das Kind regte sich nicht. Da sagte der Hund noch einmal: ‹Streichle mich!› Aber das Mädchen sah starr vor sich hin. Da legte der kleine Hund sich auf seine Brust und kitzelte es mit dem Schwanz an der Nase. Da lachte das Kind und streichelte ihn. Danach stand es auf und war wieder gesund.»

Und ein zweites Märchen:

«Es war einmal ein alter Mann, dem gefiel das Leben nicht mehr. Er wusch sich nicht, kochte kein Essen und ging nie aus dem Haus. Da kam ein großer Hund und sagte: ‹Ich habe Hunger.› Der Mann ging in die Küche und kochte Brei für ihn. Als der Hund gegessen hatte, sagte er: ‹Putz mir das Fell.› Der Mann nahm eine Bürste und striegelte den Hund. Als sein Fell glänzte, sagte der Hund: ‹Geh mit mir spazieren.› Der Mann nahm seinen Hut und ging mit ihm spazieren. Das gefiel dem Hund, und er blieb bei ihm, und der Mann wurde seines Lebens wieder froh.»

Wir brauchen unsere Hunde

Vergessen wir nicht: Über Zehntausende von Jahren haben Hunde den Menschen geholfen zu überleben. Ohne Hunde wäre er ein erbärmlicher Jäger geblieben, sein Haus und Hof wären jedem Überfall preisgegeben, seine Herden von Raubtieren dezimiert und täglich in alle Winde zerstreut. Hannibal wäre ohne seine furchterregenden Molosser nicht über die Alpen gegangen, und ohne Katzen und Hunde wären die Menschen verhungert, weil Ratten und Mäuse die Vorräte für schlechte Zeiten aufgefressen hätten.

Und nun? Immer noch gibt es viele Millionen Hunde, auch im urbanisierten Mitteleuropa streifen sie durch das ihnen allein verbliebene Dickicht, das Dickicht unserer Städte. Was, um alles in der Welt, bringt Menschen dazu, sich immer wieder, scheinbar gegen alle Vernunft, mit Tieren zu belasten, die mit zunehmender Mißbilligung der Mehrheit nur Ärger und Kosten zu verursachen scheinen?

Sind die sechs Millionen Hundebesitzer allein in der Bundesrepublik allesamt verrückt? Übrigens stehen die Deutschen damit an vorletzter Stelle der sogenannten zivilisierten Länder. Nur in Japan werden noch weniger Hunde gehalten. Diese Information hilft vielleicht dabei, einen klaren Kopf zu behalten, wenn die Medien wieder einmal krakeelen, daß wir nun endgültig unter Hunden und deren Kot begraben würden.

Irgend etwas scheinen unsere Haustiere – allen weit voran der Hund, der sich zwangsweise den Menschen so assimiliert hat, daß er ohne sie nicht mehr lebensfähig ist –, irgend etwas scheinen sie immer noch geben zu können, auf das Menschen nicht verzichten wollen.

Ich nenne es – grob vereinfachend, aber zutreffend – Liebe.

Und eben darum geht es.

Hunde verschenken ihre Sympathie nach ganz anderen als menschlichen Gesichtspunkten. Es ist ihnen egal, was einer «darstellt», ob er reich oder bitter arm ist, ob er sich wäscht oder nicht, alt oder jung ist, gestylt oder in dreckigen Lumpen. Einzig die Zuwendung zählt: die gleichbleibende Freundlichkeit, die Streicheleinheit, der Körperkontakt, das Bemühen, einander zu verstehen. Wenn das vom Menschen aus klappt, dann kommt von der Tierseite her ein nicht abreißender Strom an Trost und Liebe. Überlebenshilfe für viele.

Die Erkenntnisse sind nicht neu, vergangene Jahrhunderte wußten darum. Sie wurden einfach vergessen, wie – über Jahrtausende – die Fähigkeit der alten Ägypter, Gehirnoperationen erfolgreich durchzuführen.

In England ist die Hilfe von Hunden für therapeutische Zwecke schon im achten Jahrhundert in Anspruch genommen worden, und Walther von der Vogelweide wußte noch, «daz ein tier dem herze wol macht».

Anfang der sechziger Jahre wurde dann die Weisheit der Alten von modernen Wissenschaftlern neu entdeckt. Es begann wie so vieles – Vernünftiges und Unvernünftiges – in Amerika und zunächst mit kurzen Berichten und Artikeln, von der Mehrheit der Wissenschaftler belächelt.

Dann aber häuften sich gesicherte Fakten und Fallstudien, die alle auf eines hinausliefen: Tiere, in ganz besonderem Maß Hunde, haben verblüffende therapeutische Kräfte. Allein ihre Anwesenheit löst Einsame aus ihrer Isolation, hilft alten Menschen, die sich schon aufgegeben haben, ins Leben zurück, erweckt bei geistig Behinderten, die wiederum die Ärzte schon aufgegeben hatten, ein vitales Interesse, das von keinem mehr erwartet wurde. Und in den Krankenhäusern und Kinderkrankenhäusern werden die Betten wesentlich früher frei, sinken also deutlich die Behandlungskosten, wenn den Patienten erlaubt wird, ihre eigenen Hunde oder andere Tiere mitzubringen oder an den Tieren, die von Ärzten oder Pflegepersonal eingebracht werden, zu partizipieren.

Die zahlreichen, überzeugenden, oft auch erschütternden Beispiele für die Hilfe der «Kotherapeuten» an kranken, hilflosen oder behinderten Menschen kann man Veröffentlichungen entnehmen, die hauptsächlich aus Amerika und Australien kamen, aber auch aus vielen anderen Ländern.

Natürlich gibt es auch hier ein Problem, das nicht zu vernachlässigen ist: Wie kann man die Hilfe der Tiere für Menschen in Einklang bringen mit deren Recht auf ein artgerechtes Leben?

Wieweit werden Tiere zum Beispiel strapaziert oder überstrapaziert, die unaufhörlich an verschiedene Bezugspersonen weitergereicht werden? Und: Inwieweit ist der Mensch berechtigt, diese Hilfe Tieren abzufordern, die weit mehr dadurch in Anspruch genommen werden, als sie verkraften können? Sind Konflikte zwischen Tierschutz und Psychiatrie nicht schon vorprogrammiert?

So wichtig es ist, zu erkennen, wie stark die seelische

Hilfe eines Tieres für Menschen wirksam werden kann: diese Hilfe darf nicht «abgefordert» werden, die «Kotherapeuten» dürfen nicht wieder einmal vom anthropozentrischen Standpunkt aus «verbraucht» werden.

Das Wort «menschlich», die oft beschworene «Menschlichkeit» – sie haben ihre ursprüngliche Bedeutung längst eingebüßt, die Begriffe haben sich in ihr Gegenteil verkehrt, haben mit der altehrwürdigen Humanitas nichts mehr gemein. Es wird Zeit, das zu erkennen. «Menschlich» ist es, jede Art von Gewalt gegen die eigene Art anzuwenden, aus nichtigen Gründen. «Menschlichkeit» hat dazu geführt, diesen Planeten an den Rand des Abgrunds zu bringen, und zwar wider besseres Wissen. Menschen zerstören die Ressourcen für sich und alles, was mit ihnen lebt. Und die wenigen Weisen unter uns haben nur das zynische Recht, ihr Wissen öffentlich zu machen. Sie dürfen alles sagen, aber sie *haben* nichts zu sagen. Wir und alle, die mit uns atmen, leben nur noch durch Zufall. Wenn nur ein einziges der Dutzende von defekten Kernkraftwerken in Europa sich selbst zerstört, zerstört es alle «Errungenschaften», auf die wir so stolz sind, und ihre Erzeuger dazu.

Verzeihen Sie mir diese kurze Abschweifung in den *allgemeinen* Irrsinn. Ich will damit deutlich machen, daß es allerhöchste Zeit wird, unseren anthropozentrischen Standpunkt, der Mensch sei das Maß aller Dinge, in Frage zu stellen. Er wackelt bedrohlich.

Unsere Hunde gehören nicht uns. Sie sind nicht unser Besitz. Genausowenig wie unsere Kinder. Sie sind uns – um ein schönes altmodisches Wort zu benutzen – *anheimgegeben*. Wir tragen die Verantwortung für sie, sind verpflichtet, für sie zu sorgen; aber nichts auf der Welt berechtigt uns, nach Belieben über sie zu verfügen. Sie sind nicht dümmer als wir, denn *sie wissen*, im Gegensatz zu uns, was gut und richtig für sie und ihre Art ist – sie sind nur unserem bösartigen Großhirn nicht gewachsen. Nicht der ist im Recht, der die Macht hat, Gewalt auszuüben, sondern wer ohne Not Gewalt ausübt, begibt sich außerhalb des Rechts.

Wenn Sie mit mir diese Grundeinstellung teilen, dann versuchen Sie mal, die allgemeine Einstellung speziell Hunden gegenüber unter diesem Gesichtspunkt zu sehen. Wir lassen sie willkürlich zu Zerrbildern mutieren, benutzen sie als Waffe, als Spielzeug, als Statussymbol. Und in jeder dieser aufgezwungenen Rollen werden sie von den *erklärten* Hundefeinden beschimpft, verhöhnt, in jeder möglichen Weise geschurigelt, ja es wird ihnen – Gipfel menschlicher Hybris – ihre Daseinsberechtigung abgesprochen. Man darf sie quälen, schlagen, foltern, verstümmeln, lebenslänglich einsperren und wegschmeißen wie einen alten Hut. Wir verändern ihren Genpool und sind entsetzt über das Ergebnis, wenn es dann zu denaturierten Beiß-Freaks führt. Wir benutzen ihren Namen – wie übrigens die Namen aller Tiere, vornehmlich unserer sogenannten Haustiere – als Schimpfwörter der übelsten Sorte und verklären den Inhalt dieser üblen Verleumdungen gleichzeitig als Mirakel: «Du Sohn einer Hündin», eine todeswürdige Beleidigung! Aber Romulus und Remus, die Erbauer Roms, verdanken ihr

Wir brauchen unsere Hunde

Leben einer Wölfin, die sie säugte und deren Statue die bedeutendsten Museen in aller Welt schmückt.

Meine Damen und Herren, es ist nachweisbar, daß wir Menschen uns zum überwiegenden Teil wie die Tollhäusler verhalten, und nur unsere Gattung hat diesen grünen Planeten folgerichtig in die Ruine eines Tollhauses verwandelt. Tiere – welche auch immer – waren daran nicht beteiligt, und unsere geschmähten Hunde schon gar nicht. Vor wenigen Wochen ist hier in Dortmund wieder einmal eine der großen Hundevorzeigeshows zu Ende gegangen. Die sogenannte «Europasiegerzuchtschau». Über sechstausend Hunde waren anwesend.

Die Genetik ist eine der brisantesten Wissenschaften und eine der kompliziertesten. Hochkompetente Wissenschaftler dieses Zweiges, die ihr Leben mit der Forschung auf diesem Gebiet zugebracht haben, streiten sich über Sachfragen auf allerhöchster Ebene und sprechen sich wahrscheinlich die Kompetenz jeweils *ab*.

Ein deutscher Zuchtrichter, aus Gründen seiner «reichen Erfahrung mit der Hundezucht» zu einem solchen erwählt – nicht ausgebildet (wie denn auch und von wem denn?) –, ein deutscher Richter findet in Minutenschnelle den Besten seiner Rasse heraus. Wohlgemerkt und noch einmal: nicht den Schönsten – es war ja kein simpler Schönheitswettbewerb –, sondern den Besten, den, nach dessen edlem Samen alle Hündinnen*besitzer* – die Hündinnen werden nicht gefragt (auch so eine Gemeinheit) – nun den großen Run beginnen werden.

Wir brauchen unsere Hunde

Was sieht der Richter denn nun also? Was *kann* er sehen? Der Hund steht da, ohne umzufallen. Er ist in der Lage, an der Leine im Kreis zu laufen. Er hat alle Zähne und zwei Hoden. Er ist sauber und gekämmt und gebürstet. Bis zur Unkenntlichkeit bei langhaarigen Rassen. *Da* kann er, was das Körperliche angeht, gar nichts sehen, denn Gebäude- und Gangwerkfehler verschwinden unter einem Wust von fixierten und, sehr häufig, gefärbten Haaren. Diese Hunde können die Pokale schon mal an ihren Friseur weiterreichen.

Wissen Sie: Ich hätte für mein Leben gern mal einen ausgewachsenen Komondor gesehen. Es soll ja ein schöner großer Hund sein, wenn man ihn aus seinen bis zu zwanzig Kilo standardgemäß verfilzter dreckiger Wolle befreit hat. Dann entspräche er aber nicht mehr dem Standard und könnte beispielsweise niemals Europasieger werden!

Der Standard ist das, wonach sich der Richter zu richten hat. Dem ist aber nicht so. Ich habe Hunde mit V 1 benotet den Ring verlassen sehn, die schon bezüglich Größe und Gewicht weit über oder unter dem Standard lagen. Der größere, schwerere oder kleinere, leichtere Typ war aber gerade in Mode und also gut verkäuflich.

An dieser Stelle ist Zeit für die obligatorische Erklärung, daß es natürlich auch Richter gibt, die sich von nichts und niemandem beeinflussen lassen, keine Rücksicht nehmen auf kommerzielle Gesichtspunkte und sich nach Kräften ihr Leben lang kundig gemacht und weitergebildet haben. Solche Richter also gibt es auch. Ich bezweifle nur, daß sie es lange bleiben.

Wir brauchen unsere Hunde

Was aber kann denn nun der gute, kundige Richter sehen im Gegensatz zu seinen – sagen wir – minderen Kollegen? Auch nicht viel. Vielleicht sieht er ja eine Kniegelenkluxation, durchgedrückte Vorderfußgelenke, ein Ektropium – (zu bemängeln nur, wenn es nicht, wie beim Basset und Mastino Napoletano, zum Standard gehört). Eine Hüftgelenksdysplasie sieht er nicht, die Schmerzen kann man dem Hund kurzzeitig wegspritzen, und der kann dann erst *nach* der Ausstellung wieder nicht laufen. Und: Kann er sehen, daß der hochdekorierte Zuchtrüde vielleicht einen der schwersten und dominant vererbten Defekte hat? Zum Beispiel Impotenz? Das nun hätte katastrophale Folgen für die Rasse: ob der Reiter nun aufs Roß kommt oder nicht – da kann nämlich nachgeholfen werden. Die Hündinnenbesitzer wollen nun mal Nachzucht vom Europa- oder Weltsieger, der stolze Besitzer des gekrönten Windeis will die Deckgebühren, und so wird das Ejakulat eben entnommen und der vergewaltigten Hündin injiziert. Tableau! Es folgt eine herrliche Zeit deckunfähiger Rüden dieser Rasse. Unter Umständen über ganz Europa verteilt.

Nun, meine Damen und Herren – und wieder wissen Sie, daß ich die Wahrheit sage –: Diese Hundeausstellungen – welcher Couleur auch immer – sind ein Jahrmarkt der Eitelkeit, menschlicher Eitelkeit. Eine Stätte zerschlagener, wilder Hoffnungen und enttäuschter Erwartungen. Ich habe hysterische Ausbrüche erlebt und Beschimpfungen seitens der Nichtdekorierten. Und ich habe auch lächelnde Gelassene erlebt, die den ganzen Rummel durchschaut hatten.

Die kommen dann mit ihren sicher sehr «wesensstarken» Hunden nicht mehr wieder. (Die völlig Gelassenen sind mit ihren ganz gelassenen Hunden gar nicht erst erschienen.) Da schlummert also ein großes Potential womöglich erstklassiger Hunde, deren Besitzer sich aus guten Gründen verweigern.

Bleibt die Frage: Wozu das ganze Ausstellungsunwesen? Nun, da sind die Meldegebühren, die Eintrittsgelder, die zahlreichen Firmen, die ihre Produkte rund um den Hund in angemieteten Kiosken anbieten, die Würstchenbuden und Gaststätten; was es eben so alles gibt. Auf einem Jahrmarkt.

Auf Jahrmärkte gehe ich schon lange nicht mehr. Jeder weiß doch: Man wird dort beschummelt von allen Seiten. Und die Schummler wissen, daß der Beschummelte das weiß. Und der Beschummelte weiß, daß die Schummler wissen, daß der Beschummelte weiß, daß er beschummelt wird. Und so frage ich mich: Was soll ich da?

Meine Damen und Herren, ich danke Ihnen, daß Sie mir zugehört haben. Ich wünsche Ihnen, mir und allen Freunden unserer Hunde, sie mögen ewig leben. Solange das eben dauert.

Bildquellen

Seite 3: Grafik Klaus Ensikat
Seite 9: Deutscher Schäferhund: © Jill Freedman, Matrix International; Focus
Seite 34: Übergroßer Mischling: © Bernd C. Moeller; Focus
Seite 40: Skye Terrier: © Bernd C. Moeller; Focus
Seite 41: Eurasier: © Bernd C. Moeller; Focus
Seite 42: Puli: © Bernd C. Moeller; Focus
Seite 44: Französische Bulldogge: © Bernd C. Moeller; Focus
Seite 45: PON: © Bernd C. Moeller; Focus
Seite 48: Mittelschnauzer: © Bernd C. Moeller; Focus
Seite 49: American Cocker Spaniel: © Bernd C. Moeller; Focus
Seite 52: Dobermann-Mischling: © 1988 Jill Freedman, Matrix International; Focus
Seite 55: American Staffordshire Terrier: © Tony O'Brien, Picture Group; Focus
Seite 58: Staffordshire Terrier: © Dieter Lüttgen, Hamburg
Seite 60: Chinese Crested Dog: © Bruce De Lis, Picture Group; Focus
Seite 61: Mastino Napoletano: © Peter Hendrici; Focus

Bildquellen

Seite 62: Komondor: © Elliott Erwitt, Magnum Photos; Focus
Seite 64: Yorkshire Terrier: © Eva-Maria Krämer
Seite 65: Welsh Corgi Cardigan: © Eva-M. Krämer
Seite 67: Dogo Argentino: © Eva-Maria Krämer
Seite 68: Englische Bulldogge: © Gert Haucke
Seite 70: Chihuahua-Langhaar: © Eva-Maria Krämer
Seite 73: Broholmer: © Eva-Maria Krämer
Seite 74: Großpudel: © Elliot Erwitt, Magnum Photos; Focus
Seite 79: Komondor: Robert Pearcy, Animals Animals; Focus
Seite 86: Englische Bulldogge: © 1988 Jill Freedman, Matrix International; Focus
Seite 92: Tontaubenschießen: © Glyn Kirk, Action-Plus; Focus
Seite 96: Rhodesian Ridgeback: © Bill Eppridge; Focus
Seite 99: Deutsche Doggen: © Elliott Erwitt, Magnum Photos; Focus
Seite 112: Mastiff: © Julio Donoso; Focus
Seite 115: Welpe einer Minirasse: © Robert Pearcy, Animals Animals; Focus
Seite 122: Aufenthaltsboxen Hundeshow: © Elliott Erwitt, Magnum Photos; Focus
Seite 125: Auf dem Crufts-Wettbewerb: © Sykes, Photographers Network; Focus
Seite 131: Mischling: © Jeremy Nicholl, Katz Pictures; Focus
Seite 134: Mastino Napoletano: © Eva-Maria Krämer

Zuletzt

wiederhole ich unverdrossen die Bitte, einen Hund aus dem Tierasyl auszusuchen, wenn denn wirklich der Entschluß feststeht, ein neues Mitglied in die Familie aufzunehmen

und

zwei Adressen, für die ich mich verbürgen kann:

KP + G. Schönfelder – Tierhilfe e.V.
Ihmepassage 2
30449 Hannover
Nord LB Hannover, Kto. Nr. 105 422 315,
BLZ 250 500 00

Jede Mark wandelt sich bei diesen beiden unbeirrbar engagierten Menschen in direkte Hilfe für die armseligsten unter den uns Anvertrauten.
Vermittlung möglich.

sowie

Claudia Schürmann
Hof «Bullterrier in Not»
Bielefelder Str. 291
32051 Herford
Kto. Nr. 350 26 12 10, Volksbank Bielefeld,
BLZ 480 600 36

Zuletzt

Claudia Schürmann nimmt seit mehr als zehn Jahren zugrundegerichtete «Bullys» auf und macht mit unendlicher Geduld und Sachkenntnis wieder freundliche und liebenswürdige Familienhunde aus ihnen.

Bitte unbedingt in Erwägung ziehen.